August Wilhelm Foerster

Versuch einer physischen Chorographie der Ardennen

August Wilhelm Foerster

Versuch einer physischen Chorographie der Ardennen

ISBN/EAN: 9783743610262

Hergestellt in Europa, USA, Kanada, Australien, Japan

Cover: Foto ©ninafisch / pixelio.de

Manufactured and distributed by brebook publishing software (www.brebook.com)

August Wilhelm Foerster

Versuch einer physischen Chorographie der Ardennen

VERSUCH

EINER

PHYSISCHEN CHOROGRAPHIE

DER

ARDENNEN.

INAUGURAL-DISSERTATION

ZUR

ERLANGUNG DER DOCTORWÜRDE

DER

HOHEN PHILOSOPHISCHEN FACULTÄT DER UNIVERSITÄT JENA

VORGELEGT

VON

AUGUST WILHELM FOERSTER

AUS DER RHEINPROVINZ.

ACHEN 1881.
DRUCK VON F. N. PALM.

Seiner lieben Mutter

und

dem Andenken seines seligen, unvergesslichen Vaters

aus

tiefster Dankbarkeit

gewidmet vom

Verfasser.

„Wo, bemooset, rauh und alt,
Raget der Ardennenwald,
Dessen zaub'rische Geschichten
Rittersagen uns berichten,
Sei durchwandelt noch die Bahn!
Und es lohnt auf wildem Pfade,
Wie am hohen Flutgestade,
Manches Denkmal, das wir sah'n."

K. Geib, Handbuch für Reisende durch das
Moselland. Trier 1843, S. 214.

Inhalts-Uebersicht.

		Seite
Kapitel	I. Einleitung.	
	§ 1. Erforschungs- und Literatur-Angaben	9
	§ 2. Der Name „Ardennen".	17
„	II. Lage und Grenzen	19
„	III. Oro-Hydrographie	23
„	IV. Klimatologische Erscheinungen	34
„	V. Chorobotanik	41
„	VI. Faunistische Vorkommensverhältnisse	52
„	VII. Bevölkerung und Kulturchorographisches	58

KAPITEL I.
Einleitung.

§ 1. Erforschungs- und Literatur-Angaben.

Das römische Altertum erhielt die erste Nachricht über den Ardennenwald durch Julius Cäsar (Bell. gall. V 3, VI 29). Strabon (*Γεωγρ.* IV 3) beschrieb dieses Waldgebirge zuerst mit kritischem Verständnisse. Eine kleinere Mitteilung findet man bei Plinius (IV), Tacitus (Ann. III 42, Ethnologisches in der Germania), Columella, Julianus Apostata, Ammianus Marcellinus (XVI 4) und Ausonius. Orosius (VI 10) folgte Cäsars Angaben. Dafür, dass das Gebirge den Römern grösstenteils bekannt gewesen, zeugen die an einigen Orten aufgefundenen Altertümer. Schon zur Römerzeit haben Heerstrassen und, wie es scheint, bereits Handelswege den Ardennenwald durchschnitten. Das Land muss damals durch Verkehr und Wege ziemlich gangbar gewesen sein, sagt Herr General v. Veith (Pick's Monatsschrift V 146). — Ganz gewiss reflectierte auch der Glanz des kaiserlichen Trier (im 4. Jahrh.) auf unser Gebiet. Vom bischöflichen Trier wurde schon in dieser Zeit der Samen des Christentums in den luxemburgischen Ardennen ausgestreut, welche Saat freilich von den Stürmen der Völkerwanderung wohl wieder geknickt worden ist.

So war es denn erst dem Lichte des christlichen Mittelalters vorbehalten, das Gebirge überall aufzuhellen.

Ausgezeichnete Männer verkündeten besonders seit dem 7. Jahrhundert das Evangelium. Die Landeskunde wurde dann von der Karolingerzeit ab sehr gefördert durch die Wallfahrten, z. B. zum Grabe des ersten Ardennenapostels Remaclus († um 670) nach Stablo und besonders auch zum Ardennenpatron Hubertus nach St. Hubert (825!); die nur alle 7 Jahre stattfindende Heiligtumsfahrt nach Achen[1] (seit dem 9. Jahrh.) führte oft über 100 000 Pilger aus verschiedenen Ländern zusammen.

Die Schlacht bei Amel (717) als „Vorspiel derjenigen von Tours-Poitiers" und das Martyrium des hl. Agilolf veranlasste Bemerkungen über die Gegend von Amel.

Die Karolinger hatten sich ihr heimatliches Gebirge, an dessen Nordsaume ja auch Achen mit seiner Kaiserpracht lag, zum Lieblingsjagdrevier auserkoren; noch heute zeigt man auf der Steele (nnw. von Montjoie) einen vielbesuchten Quarzitblock als „Kaiser-Karls-Bettstadt" („Lectum Caroli" im Mittelalter), auf welchem die imposanteste Heldengestalt des römisch-deutschen Kaisertums von den Jagdstrapazen auszuruhen pflegte. Auch wurde das Gebirge ein „notwendiger Hintergrund des karolingischen Sagenkreises."

Bedeutende, durch religiöse, Agricultur- und wissenschaftliche Bestrebungen hervorragende Abteien, sowie glänzende Herrschersitze (z. B. der mit den Karolingern verwandten Limburgischen oder „Ardennischen" Grafen) lenkten die Aufmerksamkeit auf das Gebirge.

Vom 9.—10. Jahrhundert lernten die Normannen und andere Räuberbanden unser Gebiet (Lothringen!) kennen, als sie wie Kriegsdämonen über dasselbe herfielen.

---

[1] So schreibt Haagen, der das Wort untersucht hat. Es ist im Folgenden auch das „Aachen" anderer Schriftsteller stets in der richtigeren Schreibweise Achen wiedergegeben.

Musste nicht das Land besonders im 11. und 12. Jahrhundert hohes Ansehen erlangen, als es den Apostel der Kreuzzüge (aus Huy!?), den „Beschützer des hl. Grabes", sowie Deutschlands grossen „Friedensfürsten" (Wibald von Stablo) hervorgebracht hatte, und so lange nach Lüttich als einer „fons sapientiæ" Wissensdurstige aus allen Richtungen hineilten? In Lüttich blühten damals auch insbesondere die Naturstudien: besitzen wir doch in einem Briefe des Scholastikers Gozechinus (um 1060, Pertz' M. G. SS. VII 135) eine beachtenswerte Darstellung topographischer Beobachtungen, und hörte nicht Wibald bei den tüchtigsten Lehrern Vorlesungen über Medicin und Ackerbau?

Dass der hl. Bernhard auf seinen Reformationsreisen eine bemerkenswerte Anschauung der Ardennen gewonnen, geht hervor aus seiner Ansicht: „Malmundarium totius Arduennæ vallis amœnissima."

Bereits im 12. Jahrhundert wurden die Dachschieferlager Fumay's von Mönchen entdeckt. Seit dem Anfange des 13. Jahrhunderts waren die Schieferschätze von Rimogne (ssö. Rocroy) bekannt. Um dieselbe Zeit begann man bei einem Lütticher Kloster zuerst auf Kohlen zu graben, deren Ausbeutung bald an der Maas-Sambre hinauf (silva Carbonaria) fortgesetzt wurde.

Vom 13. Jahrhundert ab erlangten die Heilquellen, welche übrigens teilweise schon den Römern und vorkarolingischen heidnischen Insassen bekannt waren, weiteren Ruf.

Um das Eigentum des Altenberges (Vieille Montagne), welcher sich bekanntlich durch Galmeireichtum auszeichnet, wurde 1344 zum ersten Male ziemlich heftig gestritten, und Kaiser Sigmund entschied bei einem neuen Streite im Jahre 1423 über den Besitz der Galmeigruben.

Zur höheren Beachtung des Gebirges trug gewiss auch der Umstand bei, dass Bastonach sich wohl noch vor dem Ende des Mittelalters wegen seiner ausgedehnten Handelsbeziehungen den Namen „Paris in den Ardennen" erwarb.

Für die mittelalterliche Literatur verweise ich besonders auf die „Monumenta Germaniæ historica", die „Gallia christiana" und auf: „Recueil des historiens des Gaules et de la France."

Die durch Colombo eingeleitete Neuzeit brachte als erstes Hauptwerk, welches unser Gebiet hier und da näher berührt, L. Guicciardini's Totius Belgii descriptio; dasselbe wurde öfters aufgelegt, 1582 zu Antwerpen in französischer Bearbeitung unter dem Titel „La description de tous les Pays-Bas" herausgegeben. — Wertvoll sind auch die beiden gleichalterigen Bändchen: „Respublica Lutzenburgensis, Hannoniæ et Namurcensis, auctoribus Bertelio, Guicciardino, Gramaye. Amsterdami 1635," und „Descriptio agri Leodiensis, auctoribus Guicciardino, Ortelio, Andrea."

Einiges Interessante findet man noch bei Fisen, Historia ecclesiæ Leodiensis (1642), Zeiller, Topographia Germaniæ inferioris (1659), Roderique, Disceptationes de abbatibus, origine et constitutione abbatiarum Malmundariensis et Stabulensis (1728), Lucas, An essay on waters (1756) und bei Bourguignon d'Anville, Notice de la Gaule ancienne (1760).

Jedoch müssen wir, um eine wichtigere Literaturschau halten zu können, in unser Jahrhundert der Erdkunde hinübereilen.

Aus der Napoleonischen Zeit stammen einzelne Ortsbestimmungen und weiterhin wurde die Erforschung dann dadurch besonders gefördert, dass Belgien sich aus einem fast 2000jährigen Tummelplatze europäischer

Kriegsknechte in ein freies Friedensland und so in eine heimische Stätte wissenschaftlicher Bestrebungen verwandelte. Es sind aber keineswegs von den Belgiern allein, sondern auch von Franzosen, Deutschen, Engländern und Böhmen Beiträge zur Ardennenkunde geliefert worden, wie das folgende Verzeichnis aufweist.

Allseitiges Gemälde der Eifel und ihrer nächsten Umgebungen. Von einem katholischen Geistlichen der Eifel. Prüm 1844.

Anton, A pilgrimage to Treves through the vally of the Meuse and the forest of Ardennes in 1844. New York 1845.

Bemmel v., Guide de l'excursionniste. 8me éd. Bruxelles 1880.

Bertrand, Pélerinage de St. Hubert en Ardennes. Namur 1855.

Bormann, Beitrag zur Geschichte der Ardennen. 2 Teile, Trier 1841. 1842; Nachlese zum 1. T. Prüm 1846.

Christ, Deutsche Volksnamen. 3. Die Nervii. In Pick's Monatsschrift V Heft 3—5. Trier 1879.

Crépin, Géographie botanique de la Belgique, im Guide du botaniste en Belgique, Bruxelles 1878, und im Manuel de la flore de Belgique.

Cutler, Notes on Spa. 10th ed. London 1878.

Desjardins, L'orographie de la Gaule à l'époque romaine. In der Revue celtique par Gaidoz, vol. III., No. 1, Juin. Paris 1876.

Dewalque, Prodrome d'une description géologique de la Belgique. 2. éd. Bruxelles 1880.

Dommartin (Jean d'Ardenne), L'Ardenne belge, française, grand-ducale. Guide du touriste dans la région de l'ancienne forêt. Bruxelles 1881.

Dudley-Costello, A tour through the valley of the Meuse: With the legends of the Walloon country and the Ardennes. 2. ed. London 1846.

Eichheim, Neue Schlaglichter auf die Urgeschichte der Germanen in Belgien und den Rheinlanden. München 1879.

En Ardenne par 4 Bohémiens. 2 t. Bruxelles 1856.

Fischer, Notice historique sur la situation agricole du grand-duché de Luxembourg. 2me éd. Luxembourg 1860.

Fœrster, Flora excursoria des Regierungsbezirkes Achen. Achen 1878.

Genonceaux, La Belgique physique, politique, industrielle et commerciale. Bruxelles 1878.

Grövig, Luxemburg, Land und Leute. Luxemburg 1867.

Hansjacob, Reise-Erinnerungen aus Belgien. Heidelberg 1881.

Hecking, Geschichte der Stadt und ehemaligen Herrschaft St. Vith. St. Vith 1875.

Heerklotz, Wallonisch und Vlämisch. Brüssel und Ostende 1862.

Höfken, Belgisch-deutsche Anliegen. Stuttgart und Tübingen 1845.

Hönig, Die politische und militairische Lage Belgiens und Hollands mit Rücksicht auf Frankreich und Deutschland. Berlin 1878.

Horn, Bevölkerungswissenschaftliche Studien aus Belgien. Leipzig 1854.

Houzeau, Essai d'une géographie physique de la Belgique. Bruxelles 1854.

Joanne, Vosges et Ardennes. Paris 1868.

Itinéraire du Luxembourg germanique. Luxembourg 1844.

Kaltenbach, Der Regierungsbezirk Achen. Achen 1850.

Kessler, Notice sur le département des Ardennes. Paris 1878.

Kollbach, Das hohe Venn (Mit Abbildung). In der Natur (Organ des deutschen Humboldt-Vereins), No. 18. Neue Folge. Vierter Jahrgang. Halle 1878.

Lersch, Die eisenhaltigen Sauerwässer von Malmedy. Achen 1872.

Lersch, Neuester Führer in und um Achen. 2. Aufl. Achen 1879.

Les bords de la Meuse de Givet à Liége. 2me éd. Louvain 1876.

Maury, Les forêts de la Gaule. Paris 1867.

Meulemans, La Belgique, ses ressources agricoles, industrielles et commerciales. Bruxelles 1865.

Moke, Mœurs, usages, fêtes et solennités des Belges. Bruxelles.

Montagnac de, Les Ardennes illustrées. (France et Belgique.) 4 vol. Paris 1873.

Müllermeister, Beschreibung des Regierungsbezirks Achen. 2. Aufl. Achen 1881.

Noüe de, Etudes historiques sur l'ancien pays de Stavelot et Malmedy. Liége 1848.

Nyssen, Vie de St. Remacle. Liége 1873.

Oetker, Belgische Studien. Stuttgart 1876.

Patria Belgica, 1873 u. ff.

Périgot, Le département du Nord. Lille 1873.

Peters, Die Anfänge des Christentums im Grossherzogtum Luxemburg. Luxemburg 1878.

Pimpurniaux, Guide du voyageur en Ardenne. 2 t. Bruxelles 1859.

Quetelet, Météorologie de la Belgique comparée à celle du globe. Bruxelles 1867.

Quoidbach, Mémoire historique sur la persistance du caractère national des Belges. Bruxelles 1878.

Reinick, Statistik des Regierungsbezirks Achen. 3 Abteilungen. Achen 1865—67. Die 2. Abteilung enthält v. Dechen's orographisch-geognostische Uebersicht.

Rutsch, Eupen und Umgegend. Achen 1879.

Schannat-Bærsch, Eiflia illustrata. Cöln und Achen 1824—55.

Schmit, Orographie de la Belgique. Description des lignes de faite. Im Bulletin de la société belge de géographie, No. 1, 1re année. Bruxelles 1877.

Vanderkindere, Nouvelles recherches sur l'ethnologie de la Belgique. Enquête anthropologique. Bruxelles 1879.

Vanderkindere, Recherches sur l'ethnologie de la Belgique. Bruxelles 1872.

Vlaminck de, La Ménapie (la Flandre) et les contrées limitrophes à l'époque de Jul. César et au haut moyen-âge. In den Annales de l'Académie d'archéologie de Belgique. XXXIV, 3me série, t. IV. 3mo livr. Anvers 1878.

Wies, Populäre Geologie. Luxemburg 1876.

Wolff, Belgien und Holland. Mit 48 Stahlstichen. Leipzig 1873.

Yserentant, Souvenirs et légendes des Ardennes et du pays de Liége. Arlon 1880.

Zwischen Mosel und Maas. Die Ardennenbahn und das Maastal. Trier 1860.

Von Karten sind hervorzuheben:

Carte topographique de la Belgique dite de l'Etat-major.

Dechen v., Geologische Sectionen Achen, Malmedy, Neuerburg und Saarburg („Geologische Karte der Rheinprovinz und Westfalens").

Dewalque, Carte géologique de la Belgique et des provinces voisines, 1879.

Dumont, Carte géologique de la Belgique et des contrées voisines, 1849. Neue Ausgabe in 9 Bl. 1878.

Die Lütticher Universitätsbibliothek enthält eine ziemlich reiche Ardennen-Literatur; ich verweise z. B. auf den daselbst befindlichen „Catalogue des collections léguées à la ville de Liége par Ul. Capitaine, dressé par H. Helbig et M. Grandjean. Tome II. Liége 1872."
Es sei mir schliesslich hier gestattet, allen Herren, welche mich durch Literatur-Mitteilung u. dgl. unterstützt haben, Dank abzustatten.

§ 2. Der Name „Ardennen". [1]

Historisch und etymologisch ist es schwierig zu entscheiden, ob die Namengebung von Kelten oder Germanen ausgegangen und in welche Bestandteile demnach das Wort zu zerlegen ist. Trotz der Meinungsverschiedenheiten hat die Onomatologie Lehrreiches, insofern alle Untersuchungen darin übereinstimmen, dass bei der Benennung ein physisches Merkmal des Gebirges bestimmend gewesen ist.

Roderique bildete aus ard = silva, terra und venne = palus die Deutung terra paludosa. [2]

Genz hat 1772 die Erklärung „Wald an Gottes Flüssen" versucht, vom kelt. ar = an, bei und duenna, duiona = Brunnen, Wasser Gottes. [3]

Andere ziehen die Ableitung vom kelt. arddu = Höhe vor und erinnern dabei an die Ἀρδύες Κελτοί bei

---

[1] Im Altertum und in der ersten Hälfte des Mittelalters kommen diese Formen besonders vor: Arduenna (silva), (ἡ) Ἀρδουέννα (ὕλη), Ardenna, Ardœnna, Ardinna, Hardinna, Harduenna. — Französisch schreibt man les Ardennes und l'Ardenne.
[2] Disceptationes 1728, p. 97. — Vgl. auch de Noüe 467.
[3] Pauly, Real-Encyklopædie des klassischen Altertums, Art. Arduenna silva.

Polybios III 47.[3] Bormann spricht sich für Hard und Venn = hochgelegene Sumpfgegend aus.[4] Brandes hält den Namen für gleichbedeutend mit Hohe Venn.[5] Sachs entscheidet sich für kelt. ar-den = grosser Wald.[6] Kiepert deutet Arduenna (Ardennes) einfach als „höhere Gegend".[7] Auch Gaidoz meint, das Hauptglied ard lasse jedenfalls die Uebersetzung „Haut-Pays" zu und findet: „Arduenna devint pour les Germains la Haute-Fagne, Die Hohe Venn".[8] Derjenige, welcher die älteste Form Arduenna in ard und venna auflöst, wird ard = hoch in verschiedenen indoeuropäischen Sprachen herausfinden; venna ist dann offenbar das deutsche Venn (vgl. engl. fen) = Moor. In der Erklärung, welche Ardennen oder Arduennen (Minola) für gleichbedeutend mit Hochvenn ausgibt, spiegelt sich geschichtlich der Urcharacter eines grossen Teiles des Gebirges ab, da ja schon Cäsar (VI 31) von „zusammenhangenden Sümpfen" spricht[9] und Strabon (IV 3) so anschaulich schildert, wie die Bewohner in Kriegszeiten ihre S u m p f i n s e l n als natürliche Festungen benutzten.

[4] Geschichte II 1—2.
[5] Bei Daniel, Deutschland I⁵ 354.
[6] Encyklopæd. Wtb. der französischen und deutschen Sprache, bei Ardennes.
[7] Lehrbuch der alten Geographie Seite 500.
[8] Bei Desjardins 23 und in den Mémoires de la société de linguistique, t. II, p. 171 et suivv. — Man vgl. auch noch Maury 61 Note 1.
[9] Vgl. v. Veith bei Pick VI (1880), Heft 2, Seite 109—110.

KAPITEL II.
Lage und Grenzen.

Die Ardennen liegen [1] ungefähr zwischen 1° 20' und 4° ö. L. P. sowie 49° 40' und 50° 50' n. B. Staatlich sind sie in diesem Jahrhundert durch die Gewalthaber an Belgien, Frankreich, Luxemburg und Preussen verteilt. Nach natürlichen Grenzen gehört das Land zunächst zu Belgien und damit zu Deutschland, wie Ersteres ja auch zur Zeit Cäsars und Letzteres in der mittelalterlichen Glanzzeit des römisch-deutschen Reiches der Fall war.

Gegen Norden hin findet das Gebirge sein Ende an den quartären Formationen sowie an dem eocänen und miocänen Gebilde des känozoischen Zeitalters der niederrheinisch-belgischen Tiefebene.[2] Der Knosterberg wsw. von Düren, die nördliche Hügelumwallung des Achener Beckens und der Petersberg bei Maastricht erheben sich als Grenzdenkmale im Norden.[3] Vom Petersberge bis in die Umgebung von Bergen (32 m) könnte man eine Höhencurve von etwa 100 m als Scheidelinie annehmen, welche, „im SO. von Brüssel (56 m) verlaufend," zugleich

---

[1] Vgl. meine Abhandlung in Pick's Monatsschrift VI (1880), 2. Heft, Seite 169—170. Daselbst ist doctorum statt magna zu lesen.

[2] Vgl. von Hochstetter's Geologische Uebersichtskarte von Central-Europa in der Allgemeinen Erdkunde von Hann, v. Hochstetter und Pokorny, 3. Aufl. 1881.

[3] Darüber, dass die Eifel nicht bis nach Achen reicht, d. h. nicht das Hochvenn in sich begreift, wie fast täglich leichtfertig geschrieben und gesagt wird, vgl. Note 10.

ungefähr die Sprachgrenze zwischen den Wallonen des Gebirges und den Flamingen [4] der westgermanischen Tiefebene bildet. Daher v. Bemmel's Angabe: „Bruxelles est donc en réalité au pied de ce qu'on peut appeler le premier gradin des Ardennes." [5] Gegen Westen hin senden die Ardennen ihre Ausläufer bis nach Bavay, Solesmes, Landrecies und an die Sambrequellen, indem sie sich vom Scheldebusen südlich von Cambrai allmählich nach Osten erheben. [6] Die geognostische Demarcation erfolgt im W. und SW. durch die känozoische Formation von Valenciennes und durch die Kreideumlagerung des Seinebeckens. [7] Im S. zwischen den Sambrequellen und der Hardt nw. von Diedenhofen, erhält das Ardennen-Hochland passend seinen Abschluss gegen die niedrigere Champagne (= Campania) an dem Wassergraben Sormonne-Maas-Chiers, in dessen Nähe die Bahn von Hirson nach Longwy hinzieht. Für den Osten ist es am geratensten, als hervorstechendste Grenze die Flusslinie Mosel-Sauer-Ur und den Weissenstein anzunehmen. Ganz zutreffend sind also Dewalque's Worte: „L'Ardenne s'étend des sources de l'Oise à celles de la Kyll et est partagée entre la France, la Belgique, le grand-duché de Luxembourg et la Prusse." [8] Die weitere Abgrenzung der Ardennen von der Eifel kommt zu Stande durch die Wasserscheide zwischen der Warche und Ruhr [9] einerseits und der Olef andererseits. Vom Schneidepunkte der Linien 4° ö. P.

---

[4] Höfken verteidigt Seite 2 Note diese Schreibweise als allein richtig.
[5] Guido p. 20.
[6] Vgl. Stieler's Handatlas von 1878, No. 16 und 35.
[7] Vgl. die Note 2 citierte Karte.
[8] Prodrome 2—3.
[9] Ueber diesen Namen vgl. meine Notiz in Peterm. Mitt. 1880, Heft IX, Seite 354.

und 50° 30′ n. B. läuft die Grenze südlich von Olef, nördlich von Schleiden auf den Bleiberg zu, um nö. davon den Euskirchener Busen der niederrheinischen Tiefebene zu erreichen. [10] Lässt man von dessen SW.-Ecke bis zur

---

[10] Während die Ardennen im Norden nach geognostischen und orographisch-hypsometrischen Erwägungen — dasselbe gilt für den Westen und Süden — hier abgegrenzt erscheinen, müssen für die Ostgrenze geschichtliche Daten berücksichtigt werden, und es ist vielleicht nur Zufall, dass diese geschichtlich entstandene Demarcationslinie durch geognostische und morphologische Verhältnisse weit über den Wert willkürlicher politischen Grenzen erhoben wird. — Urkundlich war die Eifel bis etwa zum Ende des 8. Jahrhunderts in den Ardennenwald mit einbezogen. Der östliche Teil dieses Waldgebirges musste aber durch seine Lage zwischen Trier einerseits und Cöln, Bonn, Andernach und Coblenz andererseits mehr als der westliche von der den Wäldern gewöhnlich feindlichen Cultur berührt werden. Hecking sagt (Seite 7): „Erst mit dem Jahre 777 scheint der Ardennenwald bereits von Trier bis Prüm gelichtet gewesen zu sein; denn in der Schenkungsurkunde des Prümer Abtes, Assuerus, vom selben Jahre, wird das Prümer Kloster als an der Grenze des Ardennenwaldes gelegen angeführt." Bezeichnend ist auch die aus der Zeit desselben Abtes Asuarius (762—804) herstammende Stelle: „Asuarius abba de monasterio s. salvatoris quid vocatur prumia quid est constructum infra terminos ardinne super fluvium prumia" (Beyer, Mittelrhein. Urkundenbuch I No. 14). Daraus geht wohl hervor, dass der Ardennenwald sich damals n. und wsw. von Prüm zurückgezogen hatte. In der Karolingerzeit taucht ein Eifelgau auf, mit dessen Grenzen wahrscheinlich diejenigen des kirchlichen Eifeldekanats zusammenfielen, und welcher sich von den nördlichen und nordwestlichen Umgebungen Prüms (Schneifel) bis auf das Ahrgebiet und gegen die Mosel hin erstreckte; nordwestlich davon (zwischen dem N. des Grossherzogtums Luxemburg und dem NO. des Kreises Montjoie) wurde der ripuarische Ardennengau oder Oesling (Oestling = Ostland, von den westlichen Ardennen aus gedacht) angenommen und damit hatte man die historische Abscheidung eines Landesteiles als „Eifel" vom alten Ardennengebirge ausgesprochen. („Uebrigens

nördlichen Umgegend des Knosterberges das Zülpich-Dürener Flachland grenzbildend auftreten, so hat man die

---

kommt der Name Oisling (Osning) in verschiedenen Bedeutungen vor: 1. als Bezeichnung eines Teil-Gaues des Ardennengaues. Dieser Oislinggau lag zwischen dem hohen Venn, der Eifel und dem „Ardennenwalde" (zwischen Lüttich und Longwy). 2. Als Bezeichnung eines Districtes. Dieser Oislinger District gehörte zum Zülpicher Decanate und umfasste 11 Pfarreien: Amel, Bellevaux, Büllingen, Bütgenbach, Contzen, Kalterherberg, Malmedy, Recht, Simmerath, Weismes und Montjoie. 3. Als Bezeichnung eines Teiles des Ardennenwaldes." Nach Hecking's gütiger Mitteilung. — Falsch ist die Angabe einiger Bücher und Atlanten: Ardennen oder Oesling). 821 wurde das Kloster Inda (Cornelimünster) im Ardennenwalde gegründet (Kaltenbach 203) und 1072 wird Walhorn (im Kreise Eupen) urkundlich dem Ardennengau zugewiesen (de Noüe 24 Note 1). St. Vith trug in seiner früheren Jahrhunderten angehörenden Glanzperiode den Namen „Hauptstadt der deutschen Ardennen" („la capitale de l'Ardenne allemande"). Schönberg an der obern Ur wurde als Grenzort zwischen Eifel und Oesling (rip. Ard.-Gau) angesehen; es dürfte dieses daraus hervorgehen, dass „die Herren von Schönberg", wie Herr Dr. Hecking mir gütigst mitgeteilt, „zum Unterschiede anderer Herren von Schönberg ihrem Namen in Eiflia oder in Oislinga beifügten." Dagegen wurden im 8. und 9. Jahrhundert Gilsdorf bei Münstereifel (Monasterium ad Eifliam), Dahlem, Schmidtheim, Baasem, Tondorf, Reifferscheid als Orte des Eifelgaus bezeichnet. — Diese politisch-kirchliche Trennung der Eifel von den Ardennen fand indessen nicht gleich bei Allen Anklang. So wird die Gründung des Klosters Steinfeld (920) in den Ardennenwald verlegt (vgl. Simrock, „Rheinland" und Allseitiges Gemälde der Eifel Seite 79), obgleich dasselbe wenigstens zum Eifel-Decanate gehörte. Daher besang auch der Mönch Benedictus (vgl. Pertz' M. G. H.) den Eintritt des Kaisers Lothar in die Abtei Prüm mit den Worten:

„Lotharius . . . . . . Arduennae nemoris incola factus ovat,"

obschon Prüm zur Eifel gehörte. — Vgl. noch Seite 42—43 und besonders die Karte der „Descriptio omnium archidiœcesis Coloniensis ecclesiarum . . . . circa annum MDCCC digesta." Herausgegeben und mit einem Nachtrage versehen durch Dumont, Cöln 1879. Hecking 12 und 58. Kaltenbach 89 ff. Schannat-Bærsch III 1. 52, 110—111

Ardennen mit ihrer Grösse von ungefähr 360 ☐M. der Ausdehnung nach gezeichnet.

KAPITEL III.
Oro-Hydrographie.

Die oro-hydrographischen und geognostischen Eigentümlichkeiten der Ardennen sind ziemlich oft durch Schriften und Karten zur fast vollständigen, weitläufigen Darstellung gekommen, so dass ich mich auf Hervorhebung des Hauptsächlichen beschränken kann.[1] — Die dynamisch-geologische Bildung unseres grossenteils devonischen Gebirges hat man sich zu denken als eine

---

und Allseitiges Gemälde der Eifel Seite 54, wo auch die Lage des später in die „Eifel" aufgegangenen Caros-, Bitburger, Mayen- und Ahr-Gaues angegeben ist. — Während die Eifel geognostisch vorzüglich durch vulkanisches und plutonisches Terrain, Ahr-Thonschiefer, Vichtschiefer u. s. w. (vgl. Dewalque's Karte) gekennzeichnet ist, tritt sie morphologisch mit ihren ns. verlaufenden Tälern und Rücken den Ardennen gegenüber selbständig auf. — Da die Ardennen in den folgenden Capiteln nach ihrem heutigen Umfange beschrieben werden und die Eifel nicht in Rede kommt, so sei es mir doch hier gestattet, über letzteres ebenso interessante als vielfach unbekannte Gebirgsland 2 klassische Aussprüche anzuführen. Das Motto der Eiflia illustrata lautet: „Eiflia doctorum genitrix præclara virorum." 1820 setzte L. v. Buch in einem Briefe an Steininger dem Gebirge also sein Denkmal: „Die Eifel hat ihres Gleichen in der Welt nicht; sie wird auch ihrer Seits Führer und Lehrer werden, manche andere Gegend zu begreifen und ihre Kenntnis kann gar nicht umgangen werden, wenn man eine klare Ansicht der vulkanischen Erscheinungen auf Continenten erhalten will." Nach v. Dechen, Geognostischer Führer zu der Vulkanreihe der Vorder-Eifel. Bonn 1861, Titelblatt.

[1] Näheres bietet die Cap. I § 1 erwähnte Literatur.

alte Faltung; die ehemaligen Kettengebirge sind durch eine lange andauernde Denudationsperiode zum hügeligen Hochlande oder gar im Norden z. B. bei Achen zur Niederung geworden — ihre einstige Existenz lässt sich noch aus der innern gefalteten Structur des Bodens erkennen, — während auf der mehr oder weniger ebenen Erosionsfläche sich jüngere Formationen (Trias- und Kreidegebilde) abgelagert haben.[2] Nach Flussumrissen könnte man das ganze Gebirgssystem in diese Gruppen zerlegen:

A) SW.-Ardennen oder Sambre-Maashalbinsel (L'Entre-Sambre-et-Meuse). Bis über den Süden dieses Gebietes zieht sich die Thiérache hin, nördlich daran schliesst sich die Fagne und Marlagne.

B) Mittel-Ardennen zwischen Chiers, Maas und Urte-Sauer.[3] Der Hubertuswald stellt die Mitte dieses Teiles dar, nnw. davon, zwischen Givet-Dinant und Lüttich, findet man die Famenne[4] und den Condroz.[5]

C) NO.-Ardennen, von der Urte-Sauerlinie, der Ur und Maas begrenzt. Das hohe Venn nimmt die beherrschende Mitte ein; zu ihm verhält sich der Oesling im Süden als höhere, der Achen-Stolberger Hügelbezirk im Norden als niedrigere Vorstufe.

D) Hennegau-hasbanische Vorardennen, im Süden und Osten von der Sambre-Maaslinie begrenzt.[6]

E) Grossherzoglich luxemburgische Vorardennen, welche sich vom westlichen Elzgebiet bis zur Mosel und unteren Sauer erstrecken.

---

[2] Frei nach Hochstetter, Allgemeine Erdkunde Seite 296.
[3] Urte zu schreiben nach mittelalterlich-lateinischer Form Urta.
[4] So benannt nach den germanischen Pæmanen.
[5] Wohnsitz der germanischen Condrusen.
[6] Hasbanien (Hesbaye) nw. von Lüttich.

Hypsometrisch und geognostisch natürlicher dürfte es jedoch erscheinen, das Gebirge nach folgender Einteilung zu betrachten:

I. Nördliche (nw.) Hügellandszone.[7] Sie umfasst die hennegau-hasbanischen Vorardennen, den grösseren nw. Teil der Sambre-Maashalbinsel, den Condroz, das Herver Land und die hügeligen Umgebungen von Achen-Stolberg. Als natürliche Längenaxe dieses Gebietes kann man die Sambre-Maas zwischen Landrecies und Lüttich annehmen. Geognostisch ist die Zone ausgezeichnet durch das productive Kohlengebirge zwischen Fontaine l'Evêque und Eschweiler, sowie durch das Auftreten des Kalksteines, welcher an der Weser und Lesse anthropologisch berühmte Höhlen bildet. Das Achen-Maastrichter Kreidelager hat bekanntlich durch die labyrinthartigen Gänge des St. Pertersberges, welche dem Abbau des Kreidetuffs ihre Entstehung verdanken, die Aufmerksamkeit der Welt erregt. Im NW. des Lütticher Maasknies herrschen Oligocängebilde vor, denen sich weiter nach SW. und im Norden der Sambre eocäne Bildungen anlagern. Zwischen letzteren zeigt die geologische Karte besonders noch kleinere silurische und devonische Gebiete sowie Kohlenkalk und Kreide. Im Süden der Sambre-Maas findet man ganz besonders Kohlenkalk, Kalk, Schiefer und Sandstein.[8] Die Oberflächenform der nördlichen Hügelzone besteht in sanften Anschwellungen und Senkungen, jedoch so, dass senkrechte Felsabstürze der Täler oft genug vorkommen, um landschaftliche Abwechselung zu vermitteln. Getrennt sind die rundlichen Hügel und breiten Rücken durch engere ns. Quertäler

---

[7] Vgl. die Fluss- und Bergkarte von Deutschland in Stieler's Handatlas.

[8] S. Dewalque, Carte géologique.

und weitere Längentäler, welche, entsprechend dem Schichtenstreichen des Gebirges, von SW. nach NO. verlaufen. Charakteristisch für diese Gegenden sind noch parallel von SW. nach NO. lagernde längliche Hügelwölbungen, welche inselartig über ihre Umgebungen hinausragen und wohl Trümmerstücke der durch Faltung entstandenen ehemaligen Kettengebirge sind (vgl. oben). Im Condroz erreichen einige dieser Reliefformen eine Höhe von mehr als 300 m. — Die mittlere Erhebung der ganzen Landschaft beträgt etwa 200 m.[9]

II. Devonisch-cambrisches Hochland mit einer Mittelhöhe von etwa 480 m.[10] Dasselbe erstreckt sich von der oberen Semois und den Quellen der Oise bis zur nördlichen devonischen Gebirgsumrandung des hohen Venns. Im Gegensatze zu der nördlichen (nw.) Hügellandszone kann man das Hochland im allgemeinen, wie mir scheint, als kalkfrei bezeichnen. Dumont's Ardennenformation wird jetzt als cambrisches Terrain angesehen und zerfällt in das Salm-, Revin- und Deville-System. Die cambrische Formation erlangt die grösste Ausdehnung in dem Massif von Rocroi und als Grundmasse des hohen Venns, woselbst ihr wasserhaltender Thonboden das Vorkommen eines grossen Torflagers begünstigt. Dechen's „versteinerungslose Ardennenschiefer" unterscheiden sich von den Coblenzschichten durch vollkommene Spaltbarkeit (Dachschiefer) und begreifen nach Dewalque die cambrische Formation und das System von Gedinne des rheinischen Terrains in sich.[11] An der Semois, an der oberen Sauer, Lesse,

---

[9] Manche Höhenverhältnisse sind von Genonceaux angegeben, vgl. auch Houzeau.
[10] S. Stieler's Handatlas und Dewalque.
[11] Vgl. Prodrome Seite 113.

Urte, Amel, Warche und Ruhr zeigt Dewalque's Karte folgende zum rheinischen System der (unteren) Devon-Formation gehörige Bildungen: Houffalize-Hunsrück-Schiefer, Bastonach-Taunus- und Gedinne Thonschiefer (grès et schistes) sowie Puddingstein von Fépin. — Vom Urbogen bei Dasburg bis in die Gegend von Fauvillers und Jusseret erstreckt sich ein Kalkschiefer-Streifen, umlagert von denjenigen Devon-Gebilden, welche Kap. II Note 10 als der Eifel hauptsächlich zukommend erwähnt wurden. — Bei Nideggen ist ein grösseres Buntsandstein-Lager und bei Malmedy, Stablo und Basse-Bodeux finden sich kleinere Einbettungen von Buntsandstein-Conglomerat.

Die geognostisch bedingte Bodenphysiognomie unseres Hochlandes besteht in wellenförmigen Erhebungen und tiefen, launig gewundenen Tälern.[12] Letztere wenden sich nach allen Richtungen hin und lassen aus dem Plateau zahlreiche kleinere Massifs heraustreten. Mit grossen plastischen Schönheiten hat der Schöpfer diesen Erdraum ausgestattet.[13] Selbst das Melancholische einzelner Striche tritt uns mit grossartiger Majestät entgegen. Ganz naturgetreu ist v. Bemmel's Schilderung: „La région des bois et des montagnes, avec ses sites variés, ses déclivités gracieuses, ses vallons encaissés, ses rochers abrupts, ses bruyères sauvages et ses

---

[12] S. Näheres über die Thonschieferformen bei Lorinser, Das Buch der Natur III 66.

[13] Daher finden sich auch jährlich zahlreiche Naturbewunderer daselbst ein. Gegen die Angabe von Guthe-Wagner, Lehrbuch der Geographie Seite 785: „Das Plateau aber schreckt ab" u. s. w. sprechen gewiss die 8 Aufl. von Bemmel's Guide de l'excursionniste! Und wie kann man von einem „wie von der Welt vergessen sein" reden, wo die Wassersperre der Gileppe seit 1875 von der Welt als Weltwunder besucht wird? Seit 1858 bestand schon Eisenbahn-Verbindung zwischen Brüssel und Arlon!

majestueux horizons."[14] Ebenso autoptisch als für die gesamten Hochlandstäler typisch schildert v. Dechen das Ruhrtal: „Die Ruhr macht von Montjoie an, so weit sie im Berglande fliesst, sehr viele und starke Krümmungen, in denen sich Rücken von der Hochebene hineinziehen, die sich allmählich senken und vielfach noch mit vorspringenden höheren Köpfen endigen, während die gegenüberliegenden concaven Abhänge von den Höhen herab unter steilen Winkeln in das Tal abfallen. Schluchten, welche sich in diese Krümmungen hineinziehen und schmale Rücken absondern, bringen die auffallendsten Gestaltungen der Oberfläche hervor."[15] — Trotz des vorherrschenden Massengebirgs-Charakters kann man doch im Hochlande mit Genoneeaux[16] zwei hervorragende, parallel von SW. nach NO. ziehende Rücken ausscheiden, welche freilich nur als Reste ehemaliger Kettengebirge streckenweise auftreten, wie aus der oben angegebenen Gebirgsmetamorphose erhellt.

a) Der erstere, von la Capelle (sö. der Sambrequellen) über St. Hubert nach dem hohen Venn streichende Rücken trägt, von SW. nach NO. wie eine schiefe Ebene an Höhe zunehmend, die höchsten Erhebungen des ganzen Gebirges. Folgende Höhenangaben mögen seinen oft durch Taleinschnitte unterbrochenen Verlauf näher kennzeichnen:

La Capelle	232 m
Plateau von Rocroi	389 „
Les Haies d'Hargnies	492 „

---

[14] Guide p. 19—20.
[15] Orogr.-Geogn. Uebersicht des Reg.-Bez. Achen Seite 35. — Mit diesen beiden Aussprüchen stimmt allerdings nicht die vulgäre Darstellung deutscher Erdbeschreibungen.
[16] La Belgique p. 8 und 459.

La Croix-Scaille (w. von Louette St. Pierre)	500 m
Haut-Fays	440 „
Im SO. von Libin	510 „
Im S. von St. Hubert	554 „
Im O. von St. Hubert	589 „
Im SO. von Bande-en-Ardenne	530 „
Plateau des Tailles (Baraque de Fraiture)	650 „
Im NO. von Mont-le-Soie (nö. Viel-Salm)	594 „
Baraque Michel	674 „
Bodringen, [17] Culminationspunkt	695 „
Steele (nnw. von Montjoie)	641 „

Die letzten 3 Höhen liegen im hohen Venn, welches sich der Länge nach von Malmedy-Spa bis an das Quellgebiet des Wehebaches erstreckt und ein Torfland mit kugelschnittähnlichen Wölbungen darstellt. [18]

---

[17] Houzeau sagt Seite 38 Note ausdrücklich, dieser Punkt heisse im Deutschen Bodringen. Die anwohnenden Wallonen nennen diese Culmination der Ardennen (und des hohen Venns) Bodringe, woraus das französierte Bodrange entsteht, wie ja auch überhaupt das deutsche —dringen, tringen (z. B. in Aldringen, Bertringen) französiert in —drange, trange übergeht. Mit welchem Rechte deutsche Geographen nun „Botranche" schreiben, weiss ich nicht.

[18] Vgl. Kollbach, Das hohe Venn. — Da noch fortwährend Veen statt Venn von Einigen geschrieben wird, so diene zur Nachricht: Im Sanskr. heisst das Wort panka (= Kot); dasselbe bedeutet got. fani; ahd. Formen fenni, fenna, womit auch die Bezeichnungen Otto der „Finne", die Finne und Finnland etc. zusammenhangen. Vgl. noch engl. fen. Du Cange, Glossarium mediæ et infimæ latinitatis, sagt unter Venna, Vinna, Benna: . . . „Belgæ vero ven, et venne, ac veen, sæpius locum vocant palustrem et bituminosum, unde ad struendum ignem niger cespes, quem Turbam nuncupant, eruitur." Der Form Veen mögen sich somit die Holländer bedienen, im Deutschen ist sie wohl nicht zulässig. — Eine vollständige Abhandlung über das hohe Venn ist, wie Herr Dr. de Noüe mir gütigst mitteilte, von H. Präsidenten Schürmans im Bulletin des commissions royales d'art et d'archéologie de Belgique von 1871 veröffentlicht worden.

b) Der zweite breitere, 3—4 Meilen vom ersteren entfernte Rücken dehnt sich nö. von Sedan (150 m) über das Libramont-Bastonacher Massif [19] bis etwa nach Aldringen im sw. Kreise Malmedy aus. Derselbe erreicht folgende Höhen:

Im SW. von Herbeumont 400 m
Von Neufchâteau bis Martelange 518 „
Von Recogne bis nö. von Bastonach 550 „
Im Osten von Houffalize 525 „

III. Jurassisch-triasisches Nieder-Luxemburg, mit einer Mittelhöhe von etwa 320 m. Seine Lage ist im Süden der Provinz und des Grossherzogtums Luxemburg, indem es durch eine von der Chiers-Mündung über Habay-la-Neuve nach Vianden gezogene Linie von dem devonischen Hoch-Luxemburg geschieden wird. Die geognostische Landesbeschaffenheit besteht vorherrschend im unteren Oolith, dann in Keuper und Muschelkalk (des Grossherzogtums) und einem von Habay-la-Neuve bis Vianden reichenden Buntsandstein-Lager. Morphologisch tritt hier sanftwelliges Hügelland auf; im Grossherzogtum gibt es aber auch tiefere Taleinschnitte mit jäheren Abdachungen, so dass ja die meist in Felsen des Elztales eingehauenen ehemaligen Festungswerke von Luxemburg zu den stärksten Bollwerken der Erde gehörten. [20] Auf die naturästhetischen Verhältnisse dieses Erdstriches ist oftmals in Schriften mit preisenden Worten hingewiesen worden. Auch hier unterscheidet Genonceaux einen von SW., aus der Gegend Musson's, nach NO., bis in die Nähe Vianden's, gelagerten

---

[19] Für dieses wird die Bezeichnung „Hautes Fagnes" des Stieler'schen Handatlasses besser vermieden, da man unter „Les Hautes Fagnes" vorzugsweise das Hochvenn versteht.
[20] Vgl. über das Elztal und die Seitentäler Göthe, Campagne in Frankreich, 15. und 20. October.

Höhenzug. Derselbe culminiert im Massif von Arlon mit 465 m, und hat im SO. von Ruettes, im Westen von Mussy und im Westen von Heinsch eine Erhebung von 315, 320 und 440 m. Er besteht aus kleinen Massifs und Wölbungen, welche durch Talmulden getrennt sind. Es ist nicht uninteressant, diesen Höhenzug mit den 2 vorhin erwähnten Rücken nach Höhe und Länge zu vergleichen. — [21]

In hydrographischer Hinsicht könnte man die Ardennen, abgesehen von dem Gebiete der Sauer und der Schelde, das Gebirgsland an der mittleren Maas nennen. Auf den durch ein romantisches Tal hinziehenden schiffbaren Hauptfluss und Strom, die Maas, welche von Dichtern als Schwester des Rheines gefeiert worden, weisen die meisten Flüsse des wasserreichen Gebirges hin. Ihr wird von der schiffbaren Sambre, von den Parallelflüssen Chiers und Semois, von der Lesse, der (unterhalb Remouchamps schiffbaren) Urte und Ruhr Tribut gespendet. — Die Flussrinnen liegen teils in Längentälern, die dem Schichtenstreichen von SW. nach NO. folgen, teils in us. Quertälern, die wahrscheinlich durch Erosion gebildet sind. So z. B. kann man das Quertal der Maas zwischen Charleville und Namen nach Dupont's Angaben für ein Auswaschungstal halten: „Um den Anfang der Mammutzeit hatte das Bett der Maas in der Gegend von Dinant eine Breite von 12 km, zu Ende derselben war es nur noch 400 m breit. Im folgenden Zeitraum machte der Strom nicht nur keine neuen Eroberungen, er schrumpfte mehr und mehr zusammen, füllte sein ehemaliges Bett teilweise wieder aus und schränkte dasselbe durch Anschwemmung ein. Der majestätische Strom, der einst in

---

[21] Ueber die inneren Mineralschätze des Gebirges vgl. Cap. VII.

der Provinz Namur eine Breite von 12 km besass, dessen Gewalt selbst das härteste Gestein überwand und es bis in eine Tiefe von 150 m ausgewaschen hat, — die Maas, hat gegenwärtig eine Breite von nur 60 m und ihr Wasserstand reicht zu gewissen Zeiten des Jahres für die Schiffahrt nicht mehr aus. Dahin ist ihre Herrlichkeit!" [22] Das sw. bezw. nö. gerichtete Sambre-Maastal nimmt unter allen Tälern des Gebirges eine Sonderstellung ein, wenn es ein vulkanischer Spalt ist; [23] ob dasselbe erodiert worden, steht ebenso wenig fest. Die geschlängelten Flüsse der Ardennen bieten ausser dem Verschwinden der Lesse auf 1 km unter einem Kalkgebirge bei Han und dem Amel-Fall bei Coo (20 m) nicht viel Aussergewöhnliches. Die folgende Tabelle diene zur Veranschaulichung des Gefälles:

Es beträgt die Höhe (in Metern)

a) der Maas bei

Mézières	145	Namen	78
Monthermé	130	Huy	68
Heer	99	Lüttich	58
Dinant	90	Maastricht	42

b) der Sauer an der
  Quelle 520
  Mündung 135 (ungefähr),

c) der Ruhr
  an der Quelle 600 (ungefähr)
  bei Nideggen 165 (ungefähr).

---

[22] Stimmen aus Maria-Laach, 8. Heft 1878, Seite 267, nach Dupont, Les temps préhistoriques en Belgique 1867.
[23] Daniel, Deutschland I⁶ 379.

d) Fluss	Höhe der Quelle	Höhe der Mündung
Sambre	222	78
Chiers	300 (?)	160 (?)
Semois	392	130
Lesse	446	92
Urte { westl.	500	58
{ östl.	522	
Amel	596	92
Geer	136	42

Schliesslich sei hier noch an die Heilquellen des Gebirges erinnert. Heisse Quellen gibt es in Burtscheid (heisseste 74° 6 C.), Achen (55° C.), Chaudfontaine (34° C.) und Theux. Von den überaus zahlreichen Säuerlingen haben diejenigen von Malmedy, Spa und Tongern (Pliniusquelle) weitern Ruf erlangt.[24]

---

[24] Vgl. Clément, Mém. sur les sources minérales de l'Ardenne belge, und Dewalque, Prodrome Seite 294—305.

KAPITEL IV.

Klimatologische Erscheinungen.

Die klimatologische Gebirgserforschung ist trotz der verdienstlichen Bestrebungen Einzelner,[1] besonders Quetelet's, bei weitem nicht auf eine solche Höhe gebracht, dass ich eine streng wissenschaftliche Darstellung bieten könnte. Während die belgische Meteorologie zu sehr an das Brüsseler Hauptobservatorium gebannt ist und in Bastonach, Arlon und Stablo nur je 5, 3 und 11 Jahre beobachtet worden, liegen vom hohen Venn noch gar keine Beobachtungsreihen vor. Hoffentlich wird aber ein künftiger Ardennenbeschreiber über ein reiches Material verfügen!

Das Klima muss in einem bodenplastisch-hypsometrisch so verschiedenen Lande auf den Bergrücken ganz anders sein als in den Tälern, deren Sohlen oft 100—300 m unter ersteren liegen. Auch hat überhaupt das Hügelland wirtschaftlich weit günstigere atmosphärische Erscheinungen aufzuweisen als das Hochland.

Der Wärmecharakter der grössern Landesmasse ist infolge der Plateauhöhe und trotz der Nähe des Atlantischen Oceans fast continental; der Winter ist lang

---

[1] Hauptwerk ist dasjenige von Quetelet (Météorologie). Vgl. ferner Genonceaux 67—74. Kaltenbach 22—27. Nützlich waren mir auch sorgfältige Witterungsnotizen, welche mein sel. Vater von 1861—1878 zu Rohren (533 m) bei Montjoie gemacht hat. — Luxemburg und Maastricht kommen vor in dem Werke von Buys-Ballot, Marche annuelle du Thermomètre et du Baromètre en Néerlande, déduite d'Observations simultanées de 1843 à 1875. Utrecht 1876. — Kartographische Darstellungen des Klimas bietet Andree's Handatlas.

und kalt,² im Sommer haben drückend heisse Tage selten kalte Nächte im Gefolge. Es kommen zu jähe Temperaturwechsel vor und die milde Lu Hügellandes wird hin und wieder durch rauhere Plateau herabfliessende verdrängt. Die mittlere J wärme beträgt etwa 8° C.,³ in Bastonach (505 m) in Achen (180 m) 10° 2. Die grösste Wärme fä das letzte Drittel des Juli, die grösste Kälte gehö zweiten Hälfte des Januars an. Bastonach hatte 1 58 um 9 Uhr Morgens im Februar — 1° 1, im Juli Die Temperatur-Extreme des Jahres betragen gege da ein Plus von 36° (z. B. am 15. Juli 1865) u: Minus von 24° (z. B. im letzten Winter 1880—81) beol worden ist. Achen hat im Frühling 9°, Sommer 17°, 8°, Winter + 3°. Aber nicht nur am Thermometer an der Pflanzenwelt lässt sich — freilich unter B sichtigung des Bodens — die Temperatur beoba Lüttich (61 m) bringt 3 Wochen früher als die h Gegenden Gemüse anf den Markt. Die Wintersaat wofern sie nicht vom Schnee überdeckt ist, unte Temperaturwechsel, indem der Frost den Bode sammenzieht und dann eintretende wärmere Wit denselben auflockert, so dass die Wurzeln durch Zern geschädigt werden, wenn nicht schon der zarte oberi: Teil der Pflänzchen unter der Kälte erkrankt ist. verständlich wird dagegen der Frost den Boden aufr wenn er nach Regen eintritt.

Unter den Luftströmungen ist der Westwind herrschend. Er führt bei den östlich vom hohen

---
² Vgl. Shakespeare, As you like it II 5 und 7.
³ Alle Temperaturangaben dieses Kapitels beziehen si Celsius' Scala.
⁴ Genauer SW. Vgl. den Text zu Note 6 und die folgende Tafel.

Wohnenden den Namen „Vennwind" und von ihm erwartet man ungünstiges, d. h. regnerisches Wetter. Auch bei windstillerer Witterung befürchtet der Landwirt des Oeslings von w. aufsteigendem dunklen Gewölk, dem „es hängt schon wieder über der Maas", Regenfälle. Der West stürmt in der Tat am meisten Niederschläge in das Gebirge hinein, so dass er deutlich an seine Herkunft vom Ocean erinnert. Gegen seine Gewalt, welche vielfach die Baumäste ostwärts dreht, da das Land ihm ja wie eine schiefe Ebene unbeschützt gegenüber liegt, werden die höchstgelegenen Häuser durch Schirme von dicht neben einander gepflanzten Buchen oder Tannen in Schutz gestellt. — Der NO.-Wind weht seltener, ist aber durch seine Kälte missliebig. Wirtschaftlich sind die mit ihm verbundenen Kälterückfälle des Frühjahrs gefürchtet: unter seinem Hauche nimmt zuweilen die junge Saat zum Zeichen der Erstarrung eine rötlich-braune Farbe an. Besonders leidet auch die Obstkultur und der Gartenbau unter den kalten Winden, welche vom hohen Venn auf seine Umgebungen herabstürzen. Eine geschützte tiefere (z. B. Tal-) Lage ist daher in vielen Beziehungen von hohem Werte. In diesem Sinne sprach sich schon der Engländer Lucas (1756) über Malmedy aus: „The town and the abbey are built upon the south and south-west side of a very lovely, lofty hill, which contributes much to the advantage and beauty of the place. For, while it fends the town from the north and north-east winds, it furnishes the inhabitants with most pleasant sloping gardens."[5] — Für Achen folgen die Winde der Häufigkeit nach in dieser absteigenden Reihe: SW., NW., W., NO., O., SO., N., S.[4]

---

[5] Bei Lersch, Malmedy V.

[6] Nach Sieberger, Resultate der in den Jahren 1872—77 und teilweise früher an der meteorologischen Station zu Achen angestellten Beobachtungen. Im Achener Realschul-Programm 1878.

Die Niederschläge sind sehr bedeutend. Der Schnee pflegt gegen Ende October — im Hochlande — einzutreten und verschwindet erst gegen April-Anfang. Wenn Genonceaux berichtet, es sei nichts Seltenes, noch in den ersten Maitagen sporadisch dünne Schneeplatten auf dem hohen Venn zwischen Spa und Malmedy anzutreffen, so darf es als etwas Aussergewöhnliches betrachtet werden, dass man am 26. Juni 1871 noch Schneereste — freilich wohl an wenig sonnigen Stätten — auf dem Venn zwischen Montjoie und Eupen beobachtet hat. In früheren Zeiten müssen sich wohl grössere Schneemassen als jetzt abgelagert haben. Andernfalls ist die schon in älteren Schriften ähnlich vorkommende und noch 1878 von Kollbach also formulierte Phrase: „Furchtbare Schneegestöber (des hohen Venns) unterbrechen oft wochen-, ja monatelang(!) die Verbindung zwischen den weit auseinander liegenden Ortschaften," Produkt einer ungezügelten Phantasie. Schneefälle von 5 dm sind nicht selten, seltener jedoch solche von 1 m. In letzterm Falle kommt es dann zuweilen vor, dass der an Landstrassen vom Winde dünenartig zu Wellenbergen aufgehäufte Schnee den Postverkehr auf ein paar Tage stört. — Die Zahl der Schneetage gibt Lersch für Achen zu 20 an, für das Hochland darf man die doppelte Zahl annehmen.

Die Regengüsse, welche besonders für den Kartoffelbau und den Roggen oft zu reichlich sind, ähneln maritim-klimatischen Verhältnissen. Die Herbstregen sind vorherrschend; für Achen ist der November unter den Monaten der reichste, der April der ärmste an Niederschlägen.[7] In Achen zählt man 153 Regentage auf das Jahr, mit einer Regenhöhe von 731 mm.

---

[7] Bei Sieberger. — Die wohl nach dem Brüsseler Observatorium berechnete Angabe von Hann, Allg. Erdkunde Seite 118,

Die Luftfeuchtigkeit des Gebirges ist gross und Nebelbildungen kommen etwa an 20—30 Tagen vor.

Die Ausnahmestellung des hohen Venns als besonderer klimatischen Insel wurde vor 2—3 Decennien von einer Regierungscommission zur Prüfung der Venn-Verhältnisse folgendermassen hervorgehoben: „Das Venn ist nicht nur an sich ein im Ganzen unproduktives Hochplateau, sondern auch in klimatischer Beziehung für die Nachbar-Gegenden gefahrbringend. Die Ursache dazu liegt sowohl in der Beschaffenheit des Bodens, der sich zumeist als strenger, kalter, eissenschüssiger Lettenboden, abwechselnd mit Torf- und Moorboden zeigt, als auch in dem Mangel an stärkerer Abwechselung von Hügel und Tal, so dass das Venn gewissermassen wie ein Schwamm zu betrachten ist, der auf der einen Seite alle atmosphärischen Niederschläge aufsaugt und andererseits fortwährend Ausdünstungen erzeugt, die Veranlassung zu den plötzlichen Temperaturwechseln geben, welche sowohl auf dem Venn selbst als auch in seiner näheren Umgebung für die ganze Vegetation empfindliche Störungen zur Folge haben. Daher ist die Bewaldung des Venns, welcher eine Entwässerung vorhergehen muss, unbedingt erforderlich." [8]

Zur Uebersicht des Ardennen-Klimas diene folgende Tafel (nach Genonceaux):

Belgien habe Septemberregen, dürfte schwerlich für die östl. belg. Ardennen, wo die Baraque de Fraiture sich 600 m über Brüssel erhebt, zutreffen.

[8] Reinick, Regierungsbezirk Achen III 190.

Beobachtungs-Station	Höhe m	N. Breite ° ' "	Barome-trische Höhe [1] mm	Temperatur-grade nach C. [1]	Windrichtung [2]							Luft-feuch-tig-keit [3]	Regen	
					NO	O	SO	SW	W	NW			Höhe mm	Tage
Lüttich	61	50 49 —	754,9	10,2	113	38	57	350	193	138	83	754	179
Namen [4]	150	50 27 21	751,0	9,7	104	62	65	172	258	70	83	585	171
Stablo	311	50 27 —	736,8	8,7	102	57	66	234	209	148	83	935	155
Bastonach	505	50 — 20	717,3	7,2	84	138	38	81	349	135	?	?	?

[1] Jährliches Mittel. [2] Jährliche Richtung. Für jede Oertlichkeit ist die Gesamtzahl der beobachteten Richtungen = 1000 vorausgesetzt. [3] Jährliche Variation um 9 Uhr morgens. [4] Die Höhe 150 m bezieht sich auf eine bei Namen gelegene Station, während die Stadt nur 83 m hoch liegt.

In medicinisch-klimatischer Hinsicht ist zu bemerken, dass die meist heftigen Luftströmungen des Hochlandes jegliche Infektionskrankheiten verhindern, indem sie den Ansteckungsstoff in niedrigere Gegenden forttragen. Daher kommen acute Infektionskrankheiten wie Pocken, Scharlach, Masern nur sporadisch vor; ebenso werden Epi- und Endemien selten beobachtet. Auch typhöse und malarische Krankheiten sind aus diesem Grunde nicht häufig. Die Luft ist rein, aber oft rauh. So wirkt sie auf gesundere Körper recht stählend ein, während sie indessen auch die Schleimhäute der Respirationsorgane heftig anzugreifen vermag, wodurch zunächst ein acuter Katarrh der Lungenschleimhäute entsteht und wenn diesem nicht rechtzeitig Einhalt getan wird, der chronische, woraus sich in der Folge die Schwindsucht entwickelt.[9]

Eine gründliche Geschichte des Ardennenklimas zu schreiben ist unmöglich, da die literarische Quelle der Vorzeit nicht so stark sprudelte wie solches jetzt der Fall ist.[10] Kiepert sagt in seinem Lehrbuch der alten Geographie: „Die vervollständigte Kenntnis der Neuzeit weiss auch, dass die Schilderungen der Alten von dem nebligen, überaus regnerischen Klima des nördlichen und besonders nordwestlichen Galliens, welches überdies damals noch mit zusammenhängenden Waldmassen erfüllt war, keineswegs bloss auf der grösseren Empfindlichkeit des Südländers beruhen." Hecking schreibt, „dass mit

---

[9] Nach einer Mitteilung eines früheren Montjoier Arztes (meines Bruders Dr. Jul. F.).

[10] Angaben in Klosterchroniken u. s. w. sind von Quetelet p. 326—29 und 389—91 zusammengestellt. Als Ergänzung dazu diene noch der Bericht, dass der strenge Reformator Dietrich, Abt von St. Hubert, im Jahre 1055 „mitten im Winter, bei grosser Kälte, baarfuss durch den tiefen Schnee in sein Kloster einzog." Wattenbach, Deutschlands Geschichtsquellen im M. A. II' 105.

der früheren Schutz gewährenden Bewaldung des Ardennenlandes auch ein viel milderes und fruchtbareres Klima verbunden war. Die Stürme und kalten Nordwinde drangen nicht ein, die Extreme der Tag- und Nacht-Temperatur waren minder vorherrschend und eine gleichmässigere Feuchtigkeit durchdrang die Atmosphäre." Aus diesem Grunde, nicht aber aus der Combination von Meulemans [11] ist z. B. erklärlich, dass im 13. Jahrhundert fast gleich auf einander 15 Winter folgten, welche den Weinbau im Maastale ruinierten.

KAPITEL V.

Chorobotanik.

Ziemlich ansehnlich ist die Zahl der Botaniker, welche unsere Ardennen durchwandert haben, aber trotzdem harren noch weite Räume auf ihre Beschreiber. So sagt der hervorragende und sorgfältige Bearbeiter der Achener Regierungsbezirksflora: „Da in dem südlichen Gebiet zahlreiche, noch wenig oder gar nicht erforschte Täler auftreten, so dürfen wir hoffen, aus denselben noch einen reichen Zuwachs für unser Florengebiet zu erhalten." Und Dewalque gesteht geradezu: „La flore de nos tourbières est encore à faire."

---

[11] La Belgique p. 14. Daselbst heisst es nämlich: Das zuvor kultivierte Land habe sich unter dem kriegerischen Einfall der Franken und während des eisernen Zeitalters der Feudalität wieder mit Waldungen bedeckt, wodurch grosse Kältegrade, Ueberschwemmungen u. dgl. eingetreten seien.

Um die descriptiv-speculative Pflanzenchorographie hat sich besonders Fr. Crépin verdient gemacht.[1] Nach der Bodenstatik und dem Höhenunterschied, welcher ja auch in einem nicht grösseren Raume als die Ardennen sind, hauptsächlich die verschiedene Pflanzenklimatologie bedingt, teilt man das Gebirgsganze entsprechend der orographischen Betrachtung[2] am besten in 3 botanische Regionen ein:

1. Nördliche (bezw. nordwestliche) Hügelregion mit 2 Unter-Abteilungen.

a) Thonig-sandige Zone (Zone argilo-sablonneuse). Sie liegt nördlich einer von Achen über Herve, Lüttich und Gembloux nach Fontaine l'Evêque gezogenen Linie und wird also südlich durch das Auftreten der Kalkgebilde begrenzt.[3] Die Dammerde besteht im allgemeinen aus thonigem Schlamme (limon argileux). Besonders tritt hier die thonig-kieselhaltige, mit Kreide und Mergel vermengte hasbanische Erde (limon hesbayen) auf. Der Untergrund zeigt vorherrschend tertiaires Terrain, welches an manchen Punkten zu Tage streicht. Das fruchtbare Erdreich dieser Zone ist, abgesehen von wenigen Wäldern, die eine reiche Waldflora beherbergen, in den Dienst der Landwirtschaft gestellt. Der Spruch, Belgien sei das klassische Land des Ackerbaues und der Garten Europas, passt auch wohl auf diesen Strich. Die Kultur

---

[1] Vgl. ausser den Kap. I § 1 citierten Arbeiten Crépin's auch seine Abhandlung: L'Ardenne au point de vue botanique, 1863. — S. ferner: Plantæ cryptogamicæ quas in Arduenna collegit M. A. Libert, Liége 1830—1837. Förster, Flora exc. des Reg.-Bez. Achen. — Ich benutzte vorzüglich Crépin sowie Genonceaux p. 77 ff — Wertvoll sind auch die Abschnitte Botanical regions und Letter on the flora of Spa bei Cutler 116--127.
[2] S. Kap. III.
[3] Vgl. Dewalque, Carte géologique.

des Weizens, Roggens, Hafers, der Gerste, des Klees, der Feldbohnen, des Hopfens, der Runkelrüben, des Leins und der Oelpflanzen ist charakteristisch. Vorzüglich in der Nähe grösserer Städte wird der Gartenbau schwunghaft betrieben. Fette Weiden und Wiesen, die vielfach durch Obstbaumpflanzungen geschmückt sind, nehmen einen nicht unbeträchtlichen Raum ein. Die wildwachsenden Pflanzen haben eigentlich kein besonderes Gepräge, indem sie eine Uebergangsflora aus der Campine zu dem südlichen Kalkterrain darstellen. Zu ubiquitären Arten gesellen sich Kieselpflanzen der Campine, mehr oder weniger kalkholde Arten der Kalkzone und einige eigentümlichere Typen, wozu gehören: Geranium phæum; Herniaria hirsuta; Lathræa clandestina; Pulmonaria officinalis; Gagea spathacea; Endymion non-scriptus; Carex strigosa.

b) **Kalkige Zone** (zone calcareuse), auch condrusische nennbar, da sie sich aus dem Condroz als ihrem Mittelgebiete südlich in die Famenne, sw. über die Sambre-Maashalbinsel, nnw. über die Maas-Sambre und nö. bis nach Achen und Langerwehe (am nw. Vennsaume vorbei) erstreckt.[4] Der Humus ist aus kalkigen, schieferigen und quarzig-schieferigen Elementen zusammengesetzt. Der Kalk ist strichweise in solchen Lagern vorhanden, dass der desselben bedürftige Schieferboden leicht entsprechend verbessert werden kann. Im Hennegau tritt noch hasbanischer Schlammboden auf, aus welchem aber mehre Massifs von Kalk und Kreide hervorragen. Der Untergrund ist kalkig oder schieferig. Den grössern Teil des ziemlich fruchtbaren Bodens hat die Landwirtschaft sich unterwürfig gemacht. Neben der Kultur von Spelz und Hafer zeigen sich üppige Weiden und Wiesen. Im

---

[4] Dewalque, Carte géologique.

Maastale erblickt man nicht unbedeutende Rebenpflanzungen (le vin du pays). — Im Gegensatze zur vorigen Zone hat hier die wilde Pflanzenwelt an Felsen, auf steileren Böschungen und auf minder fruchtbaren schieferigen Rücken ihr älteres Gepräge noch vielfach erhalten. Die Buchen sind ebenso wie die Nadelhölzer recht flüssig und kommen in grösseren Wäldern vor, daneben gibt es auch Eichenbestände. Von eigentümlicheren Arten besitzt diese Zone weit mehr als die vorige und dieselben sind trockenheitliebend; die meisten haben ihren Standort auf dem Kalkstreifen, welcher der devonischcambrischen Hochregion zunächst liegt. Am artenärmsten ist, wie es scheint, das Gebiet auf dem linken Sambre-Maasufer. Zu den eigentümlichen Pflanzen gehören: Adonis aestivalis — Dianthus Carthusianorum — Elatine Hydropiper — Althæa hirsuta — Arabis pauciflora — Sisymbrium austriacum — Draba muralis — Biscutella lævigata — Helianthemum polifolium — Lythrum hyssopifolia — Cerasus Mahaleb — Fragaria collina — Potentilla rupestris — Rosa Sabini — Bupleurum falcatum — Peucedanum carvifolium — Saxifraga hypnoides — Gentiana campestris — Cynoglossum montanum — Physalis Alkekengi — Verbascum pulverulentum — Veronica latifolia und prostrata — Linaria striata — Orobranche Teucrii und Picridis — Melittis melissophyllum — Brunella alba — Teucrium montanum — Globularia vulgaris — Artemisia camphorata und campestris — Linosyris vulgaris — Podospermum laciniatum — Lactuca virosa — Hieracium pallidum — Ulmus pedunculata — Daphne Laureola — Asarum europæum — Euphorbia stricta — Buxus sempervirens — Scilla bifolia — Allium sphærocephalum und carinatum — Phalangium ramosum — Polygonatum officinale — Aceras anthropophora — Loroglossum hircinum — Cephalanthera grandiflora —

Luzula Forsteri — Carex montana, tomentosa, humilis und depauperata — Alopecurus utriculatus — Calamagrostis varia — Ventenata triflora — Avena pratensis — Melica ciliata — Bromus Arduennensis — Michelaria Eburonensis — Festuca unilateralis — Brachypodium distachyon — Struthiopteris germanica.[5] In der Umgebung von Theux, Oneux, Baelen, Moresnet u. s. w. findet sich eine Vergesellschaftung von 4 Arten, welche von den belgischen Botanikern als galmeihaltige Pflanzen (plantes calaminaires) bezeichnet werden, nämlich Alsine verna, Thlaspi alpestre (var. calaminare), Viola lutea und Armeria maritima (var. elongata). Obgleich diese nur auf Schichten und Halden von Galmei vorzukommen scheinen,[6] so trifft man sie doch auch auf anderen mineralogischen Zusammensetzungen an. — Es dürfte noch angemessen sein, den allgemeinen Pflanzenverhältnissen des Achen-Stolberger Randgebirges und Stufenlandes einen Blick zuzuwenden, weil auf diesem sorgfältiger erforschten Raume die beiden Zonen der ersten Region zusammenstossen. Kaltenbach schrieb 1850 darüber: „Hier, wo die mannichfaltigsten Bodenarten nebeneinander vorkommen und in den verschiedenartigsten Mischungsverhältnissen die Dammerde zusammensetzen, wo Berg und Tal, Wald und Feld, Heide und Sumpf, Halde und Blösse, Wiesen und Gärten, Sand, Kalk, Mergel, Lehm, Letten, Schiefer, Kreide, eisenhaltiger, Blei- und Galmeiboden auf kurzem Raume so häufig wechseln, — hier sind begreiflich auch die günstigsten Bedingungen zum Pflanzenwachstum vereint; hier ist die grösste Anzahl wildwachsender Pflanzen auf kurzem Raume zusammen-

---

[5] Vollständig aufgezählt bei Crépin, Guide p. 340 et suivv. (Géographie botanique).

[6] Genaue Angaben über ihren Standort gibt auch Förster's Flora. — Crépin handelt darüber Guide p. 343.

gedrängt. Auf einer einzigen Quadratmeile wachsen im Stufenlande bei Achen und Stolberg (deren Flora mir am genauesten bekannt ist) über 900 verschiedene phanerogame Pflanzen. Dieser Pflanzenreichtum zeigt sich in Feld und Wald, in Sümpfen, Wiesen und Heiden; alle sind mit den verschiedenartigsten Blumen und Pflanzenformen geschmückt." „Allein auf dem Lousberge sind mit Einschluss von 54 Holzpflanzen fast 400 Species und 244 Gattungen vertreten" (Lersch).

2. Devonisch-cambrische subalpine Region.

Die Ackerkrume ist hauptsächlich aus schieferigquarzigen, selten aus sandigen, Verwitterungstrümmern zusammengesetzt. Weiterhin zeigt der thonig-schwerschollige, vielfach magere Lehmboden Kiesel- oder Aluminium-Gehalt. Er muss durch reichlichen Dünger sowie durch mühsame Herbeischaffung des hier fehlenden Kalkes stets ausgebessert, besonders gelockert werden. Der Untergrund besteht aus Klei (Letten) und faulem Schiefer oder Grauwacke; seine meist undurchlassende Thonnatur verursacht nicht nur das Nass-Kalte des Ackerbodens, sondern begünstigt auch das Vorkommen grosser Torflager. — Die landläufige Phrase von „dünner Ackerkrume der Ardennen" hat jedoch nur für einen grossen Teil der höchsten Bergrücken Geltung. Dagegen „findet sich in den zahlreichen Flusstälern des Hochlandes und an den unteren Gebirgsabhängen eine bessere Beschaffenheit des Bodens. Durch das allmälige Herabschwemmen der milderen Bestandteile hat sich hier auf Kosten der höheren Teile eine tiefere Ackerkrume gebildet, welche sich mit der grösseren Entfernung der Flüsse von der Quelle verbessert." [7] Ueberhaupt möchte

---

[7] Reinick III 101. — Ursprünglich ist die Ackerkrume der Höhen vielleicht durchweg ziemlich dünn gewesen, dass dieselbe aber zum Teil durch den Ackerbau tiefer geworden, versteht sich von selbst.

ich betonen, dass der Ackerbau im allgemeinen mehr unter der Ungunst des Klimas als des Bodens leidet. Er mag sich ungefähr die Hälfte dieser Region erobert haben und findet sich auch mit oasenähnlichen Anlagen inmitten moorigtorfiger Striche. Besonders tritt die Hafer-Kultur hervor. Weit geringer ist der Anbau von Roggen, Kartoffeln, Gerste und Buchweizen. Flachsbau betreibt man zum eigenen Bedarf. Das vielfach magere Weideland nimmt einen untergeordneten Raum ein. In den sehr zahlreichen Tälern schlängeln sich saftige Auen und Wiesen hin. Schiffelland gibt es noch in den weiteren Umgebungen von St. Hubert und im Kreise Malmedy. Interessant ist es, über das Schiffelland und den sonstigen Agrikultur-Zustand der alten Grafschaft la Roche die „Respublica Lutzenburgensis" von 1635 zu hören:

„Rupensis comitatus a perantiquo castro, rupi excelsæ superexstructo, atque catenus rupis nomine designato, nomenclaturam accepit, complectens suo sinu urbem eius nominis et territorium satis amplum, atque ad aliquot milliaria extentum, attamen infœcundum valde pro sui parte; quanquam hominum industria et improbo labore sic reddatur, ut plurimum fructuosum, ita ut incolæ siliginem, avenam, et alia in sui, et pecorum alimentationem opportunam exinde percipiant, utcumque abundanter. Hæc vero sæpius tali evenit modo, ut locis a vepribus, dumis, aliisque lignis ipsa occupantibus repurgatis, terram diversis proscindant instrumentis, et in partes pene eiusdem formæ divisam componant cumulos ad modum clibani, ac denique vepres et alia minutiora ligna et sarmenta subiicientes ignem admoveant, cuius vi totus isto terræ globus aduratur, et eam consequatur alterationem, unde aptus admodum reddatur producere grana superseminata multipliciter aucta."

Die wildwachsenden Pflanzen sind charakteristisch

geblieben. Der Baum, welcher als Buche, Eiche, Birke und als Nadelholz ungeheure Wälder bildet, ist das Hervorstechende des Landschaftsbildes. Aber von einem Ardennenwalde lässt sich heute nicht mehr sprechen. — Vielfach trifft man auch Haselgebüsche an. Ginster, Farn und Brombeerstauden behaupten sich an vielen Stellen. — Manche Strecken werden von der Haide (Calluna vulg. und Erica tetralix) in Verbindung mit Vaccinieen, Moos und Gestrüpp überdeckt. Die eigentümlicheren Kräuter sind kieselhold und feuchtigkeitliebend. Auf den höchsten Strichen kommen mehre subalpine Species vor, nach welchen die Region auch benannt wird, obgleich sie ihr kein besonderes Gepräge zu verleihen vermögen. Als charakteristische Pflanzen führe ich noch an:

Ranunculus platanifolius — Empetrum nigrum — Rosa mollis, Arduennensis und Malmundariensis — Rubus Arduennensis — Circaea intermedia — Meum athamanticum — Saxifraga caespitosa — Trientalis europaea — Digitalis ambigua — Campanula Cervicaria — Arnica montana — Hypochoeris maculata — Polygonatum verticillatum — Gymnadenia albida — Coralliorrhiza innata — Carex pauciflora — Calamagrostis arundinacea — Allosorus crispus — Asplenium viride — Aspidium Lonchitis — Hymenophyllum tunbridgense — Lycopodium annotinum und alpinum.[8]

Zur allgemeinen Vergleichung der Flora des Hochlandes mit jener der niederrheinischen Tiefebene kann man den Regierungsbezirk Achen benutzen. Der Botaniker Förster bemerkt hierüber: „Der nördlicheTeil unseres Regierungsbezirks als Ebene, als flaches Kulturland, welches abwechselnd aus Wiesen und Feldern, untermischt mit grösseren oder kleineren Waldpartien besteht,

---

[8] Ausführliches bei Crépin, Guide p. 345.

zeigt eine grössere Fruchtbarkeit als der Süden, der allmälig aus der Region der Hügel mit geringer Erhebung sich zu immer mächtigeren, von vielen Tälern durchfurchten Bergrücken erhebt. Dagegen ist der Süden offenbar reicher an eigentümlichen Formen, und seine Flora wird deshalb auch das Interesse des Botanikers mehr fesseln." [9]

3. Jurassische Region.

Ihr Obergrund besteht aus kalkigen, mergeligen, thonigen und sandigen Erdarten und hat als Unterlage Kalkstein und Mergel. Um wie viel diese Region günstiger als die vorige gestellt ist, ergibt sich aus dieser Beobachtung: „Auf dem rechten Talrande der Semois mit seinen ärmlichen kalten Dörfern, wie bei Suxy, entfaltet die Eiche ihre Blätterknospen kaum Ende Mai, während auf dem linken Ufer bei Florenville und Izel, in derselben Höhe von 350 m über dem Meeresspiegel, aber in südlicher Abdachung der Höhen, der Weinstock bereits Blätter und Gescheine an den Spalieren der Häuser vollständig entwickelt hat." [10] — Der Ackerbau, mit grossem Erfolge hier betrieben, repräsentiert sich besonders durch die Kultur des Weizens, Mengkorns und der Gerste. Ferner ist das häufige Vorkommen der Fruchtbäume (Birn-, Pflaumen-, Aprikosen-Bäume u. s. w.) charakteristisch für Nieder-Luxemburg. Die Weiden und Wiesen verraten gleich eine üppige Triebkraft des Bodens. Noch immerhin wird ein ansehnlicher Raum von den Waldbäumen (Buchen, Eichen u. s. w.) eingenommen. Bezüglich der übrigen wildwachsenden Pflanzen ist zu beachten, dass verhältnismässig kein grosser Artenreichtum in die Augen fällt. Einige Punkte haben

---

[9] Flora excurs. XXV.
[10] Nach v. Veith in Pick's Monatsschrift V 148.

floristische Verwandtschaft mit der Kalkzone und der Campine. Von eigentümlichen Species werden erwähnt: Aconitum Napellus — Polygala calcarea — Orobranche Epithymum — Asperula glauca — Helichrysum arenarium besonders verbreitet und charakteristisch — Carex paradoxa, limosa, ornithopoda — Eriophorum gracile.[11] Zur Vergleichung der einzelnen Regionen unter einander überblicke man die folgende Tabelle von Phanerogamen und Gefäss-Kryptogamen, welche Crépin für das belgische Hügel- und Hochland aufgestellt hat:

Thonig-sandige Zone	Kalkige Zone	Devonisch-cambrische subalpine Region[1]	Jurassische Region	Bezeichnung der Zonen oder Regionen
878	1045	777	831	Gesamtzahl der einheimischen Species
267	314	206	238	Ein- oder zweijährige Species
537	631	482	501	Lebende krautartige Species
74	100	89	89	Holz-Species
619	800	560	601	Trockenheitliebende Species
259	215	217	230	Feuchtigkeitliebende Species
613	764	551	603	Dicotyledonen
225	242	185	195	Monocotyledonen
40	39	41	33	Kryptogamen

[1] Crépin braucht hierfür den Ausdruck „Région ardennaise," welche annähernd floristisch mit dem Wasgau und den hercynischen Gebirgen übereinstimmt.

[11] Crépin, Guide p. 347.

Nach diesen chorobotanischen Uebersichten sei schliesslich noch eine geschichtliche Reflexion auf den ehemaligen Weinbau der Ardennen gerichtet. — Während man heute nur mehr im Maastale sowie am äussersten Saume des Gebirges, an der luxemburgischen Mosel und Sauer bedeutendere Rebenpflanzungen erblickt, war der Weinwachs der Vorzeit bei weitem verbreiteter.[12] Hecking schreibt: „Karl der Grosse pflegte sehr den Weinbau, und liess auf seinen Frohnhöfen des Ardennen-Waldes Weinberge anlegen." „Wir ersehen aus den Urkunden des Mittelalters, dass noch zu Karl d. G. Zeit, und selbst bis in's 15. und 16. Jahrhundert zwischen Achen und Münstereifel der Weinbau lohnend gepflegt wurde. Namentlich werden in jenen Urkunden noch in Bürvenich, bei Düren, und den angrenzenden Orten Weinberge und Kelterhäuser erwähnt. Eine Urkunde von 1514 sagt, dass der Ort Eppenich, bei Bürvenich, aus seinen Weinbergen jährlich „cyn Aymken Wynwyrtzen in dem Herbste" an das Kloster Mariawald als Rente liefern musste. Dem Kloster selbst zugehörend werden sieben dortige Weinberge angeführt."[13] „Bis zur französischen Invasion wurde zu Heimbach, wie an mehren anderen Orten an der Ruhr, noch Wein gebaut, welcher in guten Weinjahren von guter Qualität war. Unter den Ruhrweinen zeichnete sich besonders der von Winden (im Kreise Düren) aus, und die Gastwirte zu Achen und Köln sollen den Windener roten Wein häufig als Burgunder verkauft haben. Im Jahre 1794 wurden die meisten Weinstöcke in und bei Heimbach mutwilliger-

---

[12] Zur illustrierenden Vergleichung diene Janssen's Geschichte des deutschen Volkes I⁵ 300—301.

[13] Geschichte von St. Vith 4 Note 3 und 16—17.

weise von den Franzosen zerstört." [14] „Dass während des ganzen Mittelalters im Achener Bezirke dem Weinbau mit Eifer obgelegen wurde, ist eine längst bewiesene Tatsache. Für das Ländchen Cornelimünster geht dies u. A. aus einer noch im Jahre 1594 vom Landesgericht ausgestellten Urkunde hervor, wo es zum Schlusse heisst: „In verschiedenen Jahren ist Hagelschlag und Misswachs gewesen, die Früchte und Weinstöcke zerschlagen, verdorben und ausgeblieben." [15]

KAPITEL VI.
Faunistische Vorkommensverhältnisse. [1]

1. Haustiere.

In den Vordergrund tritt das Rindvieh. Bekannt ist die Ardennen-Kuhrace des Hochlandes, welche kleinen, gedrängten Wuchs und lebhafteres Gebaren als Eigentümlichkeit hat. Diese Körperbeschaffenheit ist ganz der Hochgebirgsnatur angepasst, indem das Vieh während

---

[14] Schannat-Bärsch III 1. Abt. Seite 95—96. Ueber den heutigen Weinbau bei Winden und Kreuzau vgl. auch Kaltenbach Seite 35 Note und Förster, Flora Seite 56.
[15] Pauls, Ein Festmahl zu Cornelimünster im 14. und 15. Jahrh., in der Zeitschrift des Achener Geschichtsvereins I (1879) S. 243. — Ueber den mittelalterlichen Weinbau bei Achen (Weingartsberg u. s. w.) vgl. Lersch, Führer um Achen S. 105—106. — Die Ausbreitung des Weinbaues in Gallien bis zum 7. Jahrh. wird besprochen von Schröder bei Pick VI (1880) Heft 10—12.
[1] Vgl. Genonceaux 87 ff.; de la Fontaine, Faune du pays de Luxembourg; Kaltenbach 39 ff. und Rendu, Les animaux de la France. — Abschliessende Forschungen sind noch nicht gemacht worden.

des Sommerhalbjahres auf Weiden getrieben wird, die vielfach zu schief liegen oder auf zu steilen Wegen erreicht werden müssen, als dass sich dort schwerfällige Tiere gut herumbewegen könnten. Auch ist es vorteilhaft, dass sich diese kleinere Race mit spärlicherem Futter begnügt. Ein stattliches Aussehen hat die Limburger Race des Hügellandes, welche im Hochlande nur wenig verbreitet ist. Die Kühe des Condroz und der Sambre-Maashalbinsel bilden den Uebergang von der schweren flämischen zur Ardennen-Race. Die Anzahl des Rindviehs beträgt ungefähr

im Herver Lande	15 000
im belgischen Hochlande	63 000
im Kreise Malmedy (1864)	23 500

Schafe sind noch viel verbreitet, obgleich ihre Zucht in den letzten Jahren an einigen Orten sehr nachgelassen hat. Die Ardennen-Schafrace besitzt die Eigentümlichkeiten (kleinen Wuchses u. s. w.), welche oben an dem Rindvieh derselben Gegend hervorgehoben wurden. Durch ansehnlichere Constitution zeichnet sich die Race Hasbaniens und der Sambre-Maashalbinsel aus. Die Anzahl der Schafe beträgt annähernd in der eigentlichen belgischen Condroz-Region 138 000, im belgischen Hochlande dagegen nur 54 000.

Den Hausochsen findet man allenthalben vor. Der selten vorkommende Esel übernimmt u. A. auch die Rolle eines Saumtieres. Als Lasttier ist besonders das Pferd gebräuchlich. Die Hochlandsrace des Ardennen-Pferdes hat einen kräftigen mittelgrossen Bau und ihre Fähigkeit, im Gebirge zu arbeiten, wird gerühmt. Zwischen dem schweren Schlage z. B. der belgischen Tiefebene und der Ardennen-Race steht das Hennegauer, Hasbanische und Namener Pferd. Eine Veredelung der Ardennen-Race ist das Condrozer Pferd (le „double ardennais"), welches sich auch im Herverlande sowie auf der Sambre-Maashalbinsel befindet und einen weiten Ruf hat. „Dem Condrozer Bezirk widmet jeder deutsche Oekonom und jeder Freund des Sport ein besonderes Interesse, namentlich auch in national-ökonomischer Beziehung. Hier wird die berühmte Condrozer Pferderace gezüchtet, namentlich zwischen Ciney, Huy und Namur, welche jährlich ihren Eigentümern viele Tausende aus deutschen Börsen einbringen. Belgien besitzt scheinbar jetzt noch ein Privileg für Anzucht schwerer und mittlerer Arbeitspferde, dem belgischen Bauer eine sichere Quelle seiner Wohlhabenheit. Die schwerste Klasse von Pferden, die eigentlichen Flamländer, werden in Flandern, Antwerpen und Limburg gezogen; die mittleren Landstrecken, Brabant, Hainaut und auf dem linken Ufer der Sambre und Maas gelegenen Teile von Lüttich und Namur ziehen einen Mittelschlag, während die auf dem rechten Ufer der genannten Flüsse gelegenen Teile von Lüttich, Namur und Luxemburg den Ardenner züchten, im südlichen Teile dieser Landstrecke einen kleineren Schlag als im Norden, wo das begehrte Condrozer Pferd gezüchtet wird. Zuchthengste werden mit 3—4000 Fr., Elitetiere aber auch mit 6, 8, ja 10 000 Fr. bezahlt. Wenn man bedenkt, dass von den deutschen Industriellen pro Jahr 20—30 000 solcher Pferde nach Deutschland übergeführt werden, wofür dem Auslande, wenn man pro Pferd nur den geringen Preis von 500 Mark annimmt, 15 000 000 Mark zugeführt werden, die doch auch dem deutschen Landwirt zu gute kommen könnten, dann beweist das, dass wir trotz unserer Staats- und Vereinsrichtungen in der Zucht der Arbeitspferde zurückgeblieben sind." [2] Die

---

[1] Luks, Belgien und Holland, Berlin 1878, S. 96—97.

Zahl der Pferde in der eigentlichen belgischen Condroz-Region beläuft sich auf 46000.

Auch die Zucht der Schweine ist ziemlich beträchtlich, wogegen diejenige der Ziegen zurücktritt. Der hie und da nicht unbeträchtlichen Bienenzucht des Hochlandes sind die grossen Haiden im Sommer ebenso günstig wie der lange und daher kostspielige Winter sich ihr schädlich erweist.

2. Wildlebende Tiere.

Nur wenige Species sind auf die eine oder andere Höhen-Region beschränkt; so ist im Herverlande, im Condroz und auf der Sambre-Maashalbinsel im allgemeinen dieselbe Fauna wie im eigentlichen Hochlande, wenn sich auch selbstverständlich erhebliche Zahl-Unterschiede geltend machen müssen.

Allgemeiner verbreitet kommen vor: Hasen, besonders im Hochlande ihrer Häufigkeit wegen beliebte Jagdobjekte, Kaninchen, Füchse, Dachse, Steinmarder, Wiesel, Igel, Spitzmäuse, Rebhühner, Saatkrähen, Elstern, Grünspechte, Eisvögel, Blindschleichen. — Die seit letzter Zeit besonders im Hügellande, aber auch im Hochlande herumschwärmenden Mosquitos bilden während des Sommers eine wahre Menschenplage.

a) Das nw. Hügelland besitzt einen besonderen Reichtum an den vorhin erwähnten ubiquitären Tieren. So zeigen sich z. B. Krähen und Raben in überaus zahlreicher Gesellschaft am „Roche aux corneilles" zwischen Namen und Dinant sowie am „Ravenhause" bei Racren. Mittel-Belgien gehören Brachsen und Flussmondschnecken eigentümlicher an.

b) Im Hochlande sind die wärmeren Täler und die Waldungen der Erhaltung zahlreicher Species günstig, wogegen die Rücken und noch weit mehr die hohen

Moore insbesondere eine geringere Tiermenge aufzuweisen haben.

Dass zu alten Zeiten reichlicher tierische Eigentümlichkeiten vorhanden waren, bezeugt Kaltenbach also: „Vor tausend Jahren und früher lobten in dem ausgedehnten Ardennenwalde noch Auerochsen, Bären, Elentiere, Lüchse (?) und Adler." [3]

Was die ehedem stark verbreiteten und bereits durch die Bekehrungsgeschichte des hl. Hubert berühmt gewordenen Hirsche anbelangt, so erblickt man sie heutzutage nur mehr in den grossen und prächtigen Laubwäldern um St. Hubert (im Hubertuswalde) und im Herzogenwalde am westlichen hohen Venn ziemlich selten.[4]

Die noch immerhin scheinbar zahlreichen Wölfe finden sich besonders in den belgischen Hochlandswäldern; aus dem Hochlande des Regierungsbezirks Aachen sind selbige wohl durch die fast übermässig betriebene Nadelholz-Anpflanzung verscheucht worden, indem letztere überdies die Erhaltung und Vermehrung vieler Wildschweine befördert, vor welchen die Wölfe sich angeblich zurückzuziehen (?) pflegen.

Wie die viel verbreiteten Wildschweine gegenwärtig dem Landwirte nicht wenig durch ihre Verwüstungszüge lästig und schädlich werden können, so waren sie auch vordem als wilde Bestien gebrandmarkt, da ja Graf Wilhelm von der Mark (1485 zu Maastricht enthauptet) wegen seiner Gewalttätigkeiten, wie es scheint, sich den Beinamen „der Ardennenobor" zuzog.

---

[3] Vgl. auch Maury 414 ff. — 1756 wurde angeblich der letzte Bär erlegt.

[4] Zur Zeit Ludwigs des Frommen nannte der Dichter Ermoldus Nigellus sogar noch die Achener Hügelgegend reich an Hirschen und es hat dieser Reichtum bis zur neueren Zeit vorgehalten. Nach Pauls in der Kap. V Anm. 15 angeführten Abhandlung.

Rehe sicht man zuweilen in ganzen Rudeln. Wilde Katzen und Iltisse bilden keine Seltenheit. Eine eigentümliche Erscheinung des hohen Venns ist, wie Kollbach berichtet, „die ungeheure Menge Ameisen, die man auf allen höher gelegenen Punkten beobachtet." Aus der Klasse der Vögel wird das Birkhuhn hin und wieder in Mooren und Haiden angetroffen. Haselhühner und Becassinen kommen auch vor. Amseln sind allgemein verbreitet. — Die Nachtigall, welche im Hügellande oft und allenthalben schlägt, dringt nur in die wärmeren, zur Sommerzeit durch übergrossen Reiz so einladenden Täler des Hochlandes vor. Von anderen Zugvögeln bleiben einige Strandläufer auf kürzere Zeit in den Mooren, und Waldungen wie dichtere Hecken werden im Herbste durch Tausende von Krammetsvögeln belebt.

Im Maastale hält sich die Dohle und die grosse Ohreule (le grand-duc) gerne auf.

Unter den Reptilien ist eben daselbst die Mauer-Eidechse ein eigentümlicheres Tier.

Die Kreuzotter hat man zuweilen im Oesling angetroffen.

Zahlreiche Fische, z. B. Forellen, Schmerlen, Barben, Aale, Elritzen, beleben die klaren Gewässer. [5]

Anschliessend daran nenne ich den zuweilen zum Schlusse kommenden Fischotter und die in der Maas sowie in ihren rechten Nebenflüssen häufigen Krebse.

Flussperlmuscheln machen eine berühmte Eigentümlichkeit des Perlenbachs (der Schwalm), der Amel und einiger Bäche im Luxemburgischen aus. [6]

---

[5] Vgl. hierüber auch Schäfer's Moselfauna, 1. Teil vom Jahre 1844.
[6] S. besonders die neuesten Notizen von Esser im „Echo der Gegenwart" vom 17. April 1881, No. 106, 2. Blatt. Daselbst wird auch angeführt, dass sich in der Ur Perlmuscheln finden sollen;

c) Das sö. Hügelland birgt von selteneren Tieren den Siebenschläfer (le vrai loir), auch ist die Kreuzotter im Süden der Provinz Namen und Luxemburg eine häufigere Erscheinung als im Oesling.

KAPITEL VII.
Bevölkerung und Kulturchorographisches.[1]

Die heutigen Menschen der Ardennen sind zum kleineren Teile Deutsche, der Hauptmenge nach Wallonen (Wälsche). Erstere wohnen östlich und letztere westlich einer Linie, welche etwa von Visé über Limburg, Malmedy und Houffalize nach Arlon (Aarlen) verläuft.[2]

---

der Perlenbach — er fliesst bei Montjoie in die Ruhr — gab in der 2. Hälfte des vorigen Jahrhunderts, als er noch kurpfälzisches Flüsschen war, einmal 2 Perl-Schätze her zu einer Perlenschnur für die letzte Kurfürstin von der Pfalz, die Gemahlin Karl Theodors.

[1] Bekanntlich sind die Knochenreste der vorhistorischen Ardennen-Troglodyten einer öfteren Besprechung (vgl. die Schriften Schmerling's, Dupont's u. s. w.) von den Anthropologen gewürdigt worden und auch an dem etwas rätselhaften Problem der Wallonenkunde haben sich Einige wenigstens energisch versucht. Dagegen existiert, soviel mir bekannt ist, leider noch keine Kulturchorographie unseres Gebirges vom philosophisch-vergleichenden Standpunkte. So braucht man bei dem Mangel an Aufklärungsmitteln eigentlich nicht den Kopf zu schütteln, wenn sich selbst in sonst hervorragenden Werken grundfalsche Behauptungen breit machen. Das Material für die in Rede stehende notwendige Arbeit ist aber erst nach und nach mühsam zusammenzubringen, weshalb ich mich hier kurz gefasst habe, um später, so Gott will, in einer besonderen Abhandlung darauf zurückzukommen.

[2] Selbstverständlich hat man sich diese Linie als eine gebrochene zu denken, indem z. B. das wallonische Gebiet östlich von Malmedy stark ausbiegt.

Die Deutschen des Luxemburger Landes, welche sonderbarer Weise in letzter Zeit zum Teil anfangen französisch zu sprechen, sind Nachkommen des alten germanischen Stammes der Trierer (Treviri, vgl. Trave), auch ihr Dialekt erinnert an den Trier'schen. Aber die deutschen Bewohner des Regierungsbezirks Achen hat man wohl für Abkömmlinge der Franken zu halten; im Montjoierlande z. B. herrscht wesentlich derselbe niederfränkische Dialekt wie in Köln.[3]

Nicht unbeträchtlich ist das Zurückweichen des Deutschtums vor dem Wallonismus. In Bastonach, dem jetzt vollends wallonisierten Bastogne, wurde noch im 17. Jahrhundert deutsch gesprochen. Neyen berichtet nämlich: „Une remarque générale que nous pouvons placer ici, c'est que très-anciennement, c'est-à-dire pendant les premiers siècles de l'existence de Bastogne jusqu'au seizième, voir même jusqu'au dix-septième, la langue allemande était généralement parlée dans cette ville; . . . . . . ; tandis que plus tard et par un effet naturel du mélange des races à la suite des relations plus frequentes avec les provinces belgiques le langage wallon s'y répandit davantage, au point que de nos jours il y est exclusivement en usage."[4] Auch ist in dieser Be-

---

[3] S. Näheres auf der Karte von Wenker, Das rheinische Platt. 2. Aufl. Düsseldorf 1877. — Unter den deutschsprechenden Bewohnern mag es aber auch keltische Elemente geben. Vielleicht gehören dahin die Einwohner des ssw. von Montjoie gelegenen Dorfes Kalterherberg. Die Schilderung, welche von Lasaulx (in den „Reiseskizzen aus Irland") von den keltischen Irländern entwirft, passt wenigstens ziemlich genau auf die Kalterherberger. Jedenfalls unterscheiden sich letztere stark von ihren deutschen Nachbarn. Die Fach-Anthropologen seien hierauf aufmerksam gemacht!

[4] Histoire de la ville de Bastogne 1868, p. 225.

ziehung wenigstens beachtenswert, wenn es nicht ganz stichhaltig sein sollte, dass der grosse Wibald, aus dem jetzt gleichfalls wallonisierten Stablo'er Lande gebürtig, sich noch mit edlem Stolze einen Deutschen nannte.[5] Ueber die ethnische Zugehörigkeit der Wallonen gehen die Ansichten weit auseinander.[6]

a) Wandelt man den anthropologischen Weg zur ethnographischen Erkenntnis, so wird man den Hauptteil dieses Stammes für eine Nachkommenschaft der alten Ardennen-Kelten halten, in welcher sich nur hier und da germanische Elemente eingesprengt zeigen. Nördlich der sprachlich-anthropologischen Scheide, welche zwischen den Niederländern und Gebirgswallonen hindurchgeht, herrscht der germanische blondhaarige und blauäugige Typus vor, auch ist dort der Menschenschlag etwas kleiner. Im Gegensatze dazu stellen die Wallonen südlich jener Grenzlinie einen dunkel-braunen

---

[5] „Nos Germanici sumus, non Galli comati," ep. 147. Nach Janssen, Wibald von Stablo und Corvey, (1098—1158) Abt, Staatsmann und Gelehrter. Münster 1854, S. 5 Note 1. — Ueber seine Heimat sagt Wibald selbst: „Lotharingia, quae nos genuit, educavit et provexit" (ep. 305); ep. 166 nennt er „Lotharingiam et praecipue Arduennam nostram." De Noüe handelt darüber p. 218—219.

[6] Ausser den Kap. 1 § 1 erwähnten Arbeiten von Christ, Eichheim, Moke, Quoidbach und Vanderkindere vgl. noch: Grandgagnage, De l'origine des Wallons, im Bulletin de l'Institut archéologique Liégeois, Tome I 1852, p. 44 ff. und Reinick I 147—149. Unwichtiger ist die Statistique générale de la Belgique. — Horn's Werk ist eine Art Quetelet'scher Moralstatistik. In die Frage, wo die Wallonen ethnologisch unterzubringen seien, ist jedenfalls auch durch die unwissenschaftliche Torheit derjenigen Franzosen, welche nach dem Rheine als ihrer natürlichen Landesgrenze lechzen und danach die Abstammung der Bewohner auslegen, viel Verwirrung gebracht worden. Vgl. Hilgers, Karl der Grosse und die natürlichen Grenzen Frankreichs. Saarlouis 1866.

Typus und einen vielfach grössern Menschenschlag dar. Die Ursache dieser ansehnlicheren Körperbeschaffenheit ist aber nach der „Respublica Lutzenburgensis" nicht in Stammeseigentümlichkeiten zu suchen, sondern als Einwirkung der Landesnatur auf den leiblichen Teil des Menschen aufzufassen, indem über die Bewohner der Grafschaft la Roche berichtet wird: „Fit propter continuos labores, simulque summum frigus, et victum sobrium, quo utuntur istorum locorum inquilini, eos esse corpore perquam robusto, et longaevae durationis." Als originalkeltische Eigentümlichkeiten der Wallonen einzelner Gegenden lassen sich anführen: Massiv-knochiger Körper- und besonders Gesichts-Bau, stark hervortretende Nase, ziemlich vorspringendes Kinn, dolichokephale Schädel mit nicht geringer Hinterkopfserhöhung.[7]

Der ausgeprägteste dunkle Typus der Wallonen tritt im Hennegau, im Maastale, in den Provinzen Lüttich und Luxemburg in Erscheinung. Man findet den grössten Menschenschlag in den Provinzen Namen und Luxemburg.

b) Auf geschichtlichem Forschungswege gelangte Eichheim zu dem Ergebnisse: „Doch wissen wir zum Glück trotz aller schulmeisterlichen Silbenstecherei, dass selbst die Wallonen und Lothringer Vollblutgermanen waren und erst nach dem Falle der Frankenherrschaft verwälscht wurden."[8] Aehnlich schreibt Christ: „Eine der denkwürdigsten Tatsachen in Bezug auf die ethnische

---

[7] S. Vanderkindere, Recherches p. 63 u. s. w.

[8] Neue Schlaglichter Seite 7. Jedenfalls ist die Eichheim'sche Schrift, mag man ihr auch nicht gerne in Allem zustimmen, hoher Beachtung wert und einer solchen bereits von den Belgiern gewürdigt worden. Ich empfehle sie angelegentlichst den zahlreichen Kriegsgeschichtschreibern, welche noch fortwährend Cäsar's Commentarien ohne Kritik ausschreiben.

Zugehörigkeit der Belgen im Allgemeinen und der später zu ihnen gezählten Treverer und Nervier insbesondere ist, dass die heutigen französischen und belgischen Forscher bereitwillig zugeben, dass diese Völker deutscher Abstammung seien, während die deutschen Landsleute nach dem Vorgange von Zeuss sie sonderbarer Weise für Gallier halten![9]

c) Endlich muss noch der philologische Erkenntnisweg betreten werden. Wie bereits von A. Holtzmann bewiesen und neuerdings mit Recht auch von Christ wieder betont worden ist, bestand zur Zeit Cäsar's noch keine Sprachverschiedenheit zwischen den eigentlichen Germanen und der Mehrzahl der Belgen.[10] Wie ist es nun gekommen, dass die Wallonen seit etwa dem 9.—10. Jahrhundert einen romanischen, mit dem Altfranzösischen verwandten Dialekt redeten?[11] Dass der Uebergang dazu aus dem Deutschen stattfand, zeigen die zahlreichen germanischen Ausdrücke und Formen des Wallonischen.[12] Christ mutmasst über diese Sprachänderung also: „Erst infolge der Kriege Cäsar's, in welchen unter Andern fast der ganze Stamm der Nervier vernichtet wurde," — Eichheim bestreitet das aber! — „gingen die belgischen Germanen nach und nach in den Galliern und mit diesen später in den gallischen Romanen auf. Die von Alters her in Belgien zurückgebliebenen altkeltischen Bevölkerungsreste, welche auch der Grund waren, dass das Land geographisch

---

[9] Die Nervii Seite 164.
[10] Christ Seite 165.
[11] Dieser ist nach einzelnen Orten etwas verschieden; die Bewohner des belgischen Nieder-Luxemburg reden einen dem Picardischen nahe stehenden Dialekt und werden von den anderen Wallonen „Gaumais" genannt. Bemmel p. 136—137.
[12] S. darüber Moke, Histoire de Belgique p. 24, angeführt bei Quoidbach II Note 2.

zu Gallien gerechnet wurde, mussten diesen Entnationalisierungsprocess der Germanen natürlich beschleunigen." Helleres Licht wird auf diese Verhältnisse vielleicht durch folgende Kombination geworfen. Da das wallonische Sprachgebiet im Kreise Malmedy mit den politischen Grenzen des ehemaligen Abtei-Fürstentums Stablo zusammenfällt, so liegt die Annahme nahe, die wallonische Sprache habe sich unter dem Einflusse der Klöster gebildet. [13] Unterstützt wird diese Vermutung durch den Bericht Maury's, in den Ardennen sei eine Menge von Abteien (une foule d'abbayes) gegründet worden. Ganz natürlich wehte aber diesen Klöstern mehr ein französischer als ein deutscher Geist zu. [14]

Wie dem auch sein mag, daraus, dass die Wallonen einen romanischen Dialekt angenommen, darf nicht gefolgert werden, sie seien Nicht-Germanen, und zwar echte Gallier. Denn dann wäre auch zu glauben, dass die Luxemburger Franzosen seien, wenn sie vielleicht über 100 Jahre ganz ausschliesslich französisch reden sollten und dann von ihnen, wie von den älteren vorwallonischen Ardennenbewohnern, keine Sprachdenkmäler oder sonstige dahin gehörige unzweideutige Zeugnisse der früheren Zeit mehr übrig wären!

Zur Vereinigung der hier vorgeführten Meinungsverschiedenheiten möchte ich nun mein Urteil einfach dahin abgeben: die Wallonen sind ein Mischvolk aus keltischgermanischen Elementen.

Um nun noch durch einige Punkte der so überaus schwierigen Volkspsychologie die Ethnographie zu

---

[13] Vgl. de Notie 472—473.

[14] „Im ganzen lässt sich der Satz aufstellen, dass Lothringen vom Westen empfängt und nach Osten giebt." Wattenbach, Deutschlands Geschichtsquellen II⁴ 112.

erweitern, so dürften zunächst zwischen dem Hügel- und Hochlande kaum erhebliche Unterschiede wahrzunehmen sein.

Auf eine gehobene Stimmung könnte aber doch das Hügelland, wo der Boden die Mühen der Arbeit reichlich lohnt und der Mensch sich in einer angenehmen Atmosphäre bewegt, günstiger einwirken.

Dagegen wäre es nicht zu verwundern, wenn das Hochland, in welchem der Mensch, besonders wegen des oft feindlichen Klimas, einen schwierigeren Kampf um's Dasein ausficht, den Ernst seiner Natur der Seele aufgeprägt hätte. Man will dort einen ziemlichen Grad von Vorsicht, Nüchternheit, ja von Verschlossenheit beobachtet haben.

Biederkeit ist eben daselbst noch vielfach heimisch. „Die rauhe Natur im Bunde mit dem Pittoresken, welches sich dem Beschauer vielfach darbietet, hat ohne Zweifel das Ihrige beigetragen zur Entwicklung des kernhaften und biederen Volksstammes, welcher diese Gegend bewohnt." [15]

Bezüglich der Intelligenz in den einzelnen Strichen wird am sichersten, obgleich die Hochländer geweckter sein sollen als die Hügellandsbewohner, mit dem Dichter also zu denken sein:

„Petit ou grand, nul peuple sur la terre N'a seul le lot des talents merveilleux; Pour le génie il n'est pas de frontière: Dieu n'a pas mis de douane dans les cieux!" [16]

Wie mir von ärztlicher Seite versichert worden, ist das Hochland charakteristisch verhältnismässig arm an Geisteskranken.

---

[15] Ueber die Montjoier gesagt — mit typischem Werte — von Brischar, P. Adam Contzen S. J., ein Ireniker und National-Oekonom des 17. Jahrh. Würzburg 1879, Seite 8.
[16] Yserentant 225, Verse von A. Clesse.

Was die Eigentümlichkeit der Wallonen insbesondere betrifft, so rühmte ihnen schon der Italiener L. Guicciardini geistige Regsamkeit nach und die Richtigkeit dieses Urteils dürfte kaum ein Kenner ihrer Kulturgeschichte im geringsten beanstanden. [17] Mebus sagt über die des Kreises Malmedy, sie seien „wohlwollend und ein tüchtiger reger Menschenschlag." [18] Zuvorkommenheit gegen Fremde muss ihnen besonders zuerkannt werden. In der Gesellschaft haben sie etwas von französischer Ungezwungenheit. Gewöhnlich halten sie viel auf Reinlichkeit der Wohnungen u. s. w. Sie sehen bei ihren durchgängig ernst-religiösen Anschauungen sehr auf religiöse Jugenderziehung, vernachlässigen aber keineswegs die profanwissenschaftliche Ausbildung. Ueber die Wallonen von Namen spricht sich die „Respublica Namurcensis" (1635) also aus: „Vulgari ioco describuntur rudes, sed cordiales, ut sic exprimam. Rei bellicæ et virtutis opinionem apud exteros meruere. In cultu modesti, in victu faciles, laboriosi, staturæ et formæ mediocris. Opes non possident contemnendas, et pro opibus sunt liberales, nec facile genium defraudaturi. A literis alieniores eos non nemo notat, et ingenii magis mechanici: quod equidem non observo verum esse" etc.

Ein gewisser Freiheitsdrang wogt in der Brust des dortigen Menschen. Zeigten dies beispielsweise nicht die

---

[17] Ich verweise hier nur auf die „Biographie liégeoise" und von Schriftwerken auf „La Cinéïde, ou la vache reconquise". Auch sei hier noch besonders auf die Leistungen des Wallonen in der Tonkunst aufmerksam gemacht; man denke an Méhul, Grétry, Prume, Bédriot, Vieuxtemps!

[18] Beschreibung der Rheinprovinz, 2. Aufl. Köln 1845, S. 166.

— Ueberhaupt verdienen die gesamten Wallonen durchaus nicht solche Beleidigung wie: „Aus dem schäumenden Pokal wälscher Verblendung die Jugend tränken" (Höfken 3), welches ein krankhafter Ausdruck von Deutschtümelei ist.

kräftigen luxemburgischen Oeslinger gegen Ende des vorigen Jahrhunderts in ihrem Aufstande gegen die französischen Unterdrücker? Gaben nicht die Wallonen, seit langer Zeit als tapfer bekannt, den Anstoss zum belgischen Unabhängigkeitskampfe? Wie tapfer stritt, um nur noch ein persönliches Beispiel hervorzuheben, der Lütticher Tilly für die Freiheit des römisch-deutschen Reiches![19]

Zur Erklärung vieler Volksanschauungen, Gebräuche und dgl. ist vor Allem festzuhalten, dass der römische Katholicismus vorherrschend auftritt. Ja, es hat der Katholicismus dort gewissermassen, um den ganzen Boden für sich allein mit Ausschluss alles Anderen einzunehmen, so tief seine Wurzeln hinabgetrieben und sie so weit ausgebreitet, und so charakteristisch innig ist er im Gegensatze zu anderen Bekenntnissen mit dem Volksgeiste verwachsen, dass wenigstens bei sehr vielen Insassen, wiewohl sie im übrigen genug von religiöser Toleranz beseelt sind, z. B. „lutherisch" und „fast irreligiös" als sich ziemlich deckende Bezeichnungen gelten.

Da auch die Wallonen, abgesehen von der Sprachänderung, ihren vorwiegend germanischen Charakter nach Quoidbach bewahrt haben, so wird man die volkspsychologische Seite kurz als „christlich-germanisch" charakterisieren können.

Die Beschäftigung der Bewohner ist vorherrschend landwirtschaftlich;[20] Tausende treiben industrielle Arbeit in

---

[19] Vgl. auch Dudley-Costello 19 über die Lütticher.

[20] Allenthalben, also auch in den höheren Gegenden, treiben die Bewohner Ackerbau, der freilich weniger lohnend ist als die Viehzucht. Sogar noch in der Nähe der Steele (640 m) wird landwirtschaftlich gearbeitet und über die Umgebung von Bastonnach sagt Neyen (p. 255): „Le territoire de Bastogne produit du seigle, de l'avoine, des pommes de terre et un peu de foin de médiocre

Fabriken und Bergwerken, bei welch' letzteren auch an die berühmten Dachschieferbrüche („Ardennenschiefer") erinnert sei; dazu sind besonders die Wallonen seit Alters als geschickte Handelsleute bekannt, und dieser Umstand hat wesentlich dazu beigetragen, dass das Judentum sich nur wenig eingebürgert hat. Unter den Arten des Gewerbfleisses ist, abgesehen von den Tuchfabriken, namentlich auch der Gerbereien zu gedenken, weil diese infolge der vorhandenen Eichenwaldungen so stark vertreten sind, dass sie fast in jedem bedeutenderen Orte ihren Geruch verbreiten. „Wenn im wallonischen Teile (Belgiens)," kann man ungefähr charakteristisch mit Höfken sagen, „der Gewerbfleiss sich grösstenteils auf die Gebirgsschätze, Eisen, Kohlen, Zinn, Dachschiefer, Bausteine, Holz und dgl. stützt, so beruht er im flämischen auf den Erzeugnissen des Ackerbaues, Wolle, Flachs, Hanf, sowie auf Schiffahrt und Verarbeitung von Haupthandelsartikeln, wie Baumwolle, Zucker, Tabak. Dort ist der Gewerbfleiss mehr ein hämmernder, hier ein spinnender, webender und schiffarttreibender. Im allgemeinen haben die Wallonen eine mit den Schätzen ihres Berglandes verwachsene besondere Betriebsamkeit."

Auf Ansiedlung und Volksdichtigkeit sind auch in unserem Gebiete die gewöhnlichen Umstände von hervorragendem Einflusse gewesen.

Bereits der Tongerer Bischof St. Monulphus (um 484) erkannte, dass die liebliche gewaltige Ebene am Maas-

---

qualité." Die Behauptung bei Daniel, Deutschland I^5 355: „Nur wo die Ardennen im Norden und Westen in das Tiefland übergehen, gedeiht Ackerbau," dürfte daher schwerlich Wahrheit enthalten, wie denn überhaupt Daniel's Beschreibung der Ardennen, des Hochvenns und der Eifel manchmal mangelhaft ist. In den Hochlands-Tälern gedeiht der Ackerbau sogar vielfach ziemlich gut.

knie, wo die Urte von Süden mit der Weser von Osten einmündet, sich vorzüglich zur Colonie eigne. Durch seine Anregung entstand hier die spätere Hauptstadt des Gebirges, wie Fisen so meisterhaft geschildert hat: „Cui (sc. Leodio) ecce Monulphus primas statuit substructiones ad futuram magnitudinem .... Lustrabat aliquando diœcesim suam vigilantissimus præsul: et quinto ferme a Traiecto lapide sustitit loci captus amœnitate, ubi Mosæ Urta confunditur. Amplam vallem alti undique claudebant montes, grata inæquales varietate; hi vitibus consiti, pomariorum fœcunditate amœni illi, illi læta silvarum opacitate inumbrati. Arduo aliqui ascensu assurgebant; descendebant alii benigniore clivo. Diffusam hic vallem flexo introrsum lato sinu recipiebant; in eamdem illic procurrebant leni iugo. Mediam, qua in longum porrigitur, suavi lapsu, iucundaque inflexione permeabat amnis Mosa. In hunc a meridie rapidior Urta blando aquarum susurro prolabebatur. Ubi coniunctis undis fluere incipiebant, præcipua erat sinistræ ripæ amœnitas, quam conciliabat perfluens Legia rivus aliique limpidi fontes plurimi, quos e suis radicibus vicini profundebant montes. Horum aspectu dum fruitur antistes .... Nimirum hic ille locus est, exclamat, quem ad plurimorum salutem æterna Numinis providentia designavit."[21]

In wiefern sich Achen ausser den Heilwassern, deren anderweitiges Vorkommen ja auch vielfach Pflanzungen veranlasste, zur Gründung empfahl, ersieht man daraus, dass die Stadt, „ebenweit von der Maas als von der Ruhr entfernt, in einem anmutigen Tale fast an der Grenze von Holland und Belgien gelegen, einen natürlichen Durchgangspunkt für die aus jenen Nachbarländern

---

[21] Historia ecclesiæ Leodiensis III 1 (p. 79).

Kommenden, sowie für die Deutschen, welche den Nordwesten des Continents besuchen wollen, bietet."[22] Sicherlich war der hl. Remaclus von einem glücklichen Gedanken geleitet, als er gerade die bezaubernden, durch Buntsandsteingebilde hervorstechenden Talbildungen von Malmedy und Stablo zu klösterlichen Niederlassungen auswählte. Solche Städte, deren Lage jetzt nicht besonders günstig erscheint, entstanden aus Ansiedlungen um Klöster, von welchen überhaupt die Ardennen zuerst cultiviert wurden, oder am Fusse von Felsschlössern. Für die landbautreibende Bevölkerung des Hochlandes war rücksichtlich der Arbeitserleichterung und des Raumes der Anbau auf den Rücken günstiger als in den Tälern; gleichwohl finden wir auch in letzteren, selbst wenn sie enge sind, manche Niederlassungen.[23] Die Bauart vieler Dorfhäuser, welche nach Westen eine niedrige Rückseite zeigen, deren Bedachung sich öfters nur 1—2 m mit dem unteren Teile über den Boden erhebt, dagegen dem Osten und Süden die Vorderseite zukehren, lässt sich besonders aus klimatischen Verhältnissen erklären.

Die grösste Volksdichtigkeit tritt im nördlichen (nw.) Hügellande auf, wo ja die Erdoberfläche durch ihre Fruchtbarkeit eine zahlreiche und doch ziemlich wohlhabende Landbevölkerung ernährt und das Innere jene

---

[22] Lersch, Führer um Achen Seite 1.

[23] Danach ist die Angabe bei Guthe-Wagner, Lehrbuch der Geographie, Seite 785: „Diese Täler .... bieten für Ansiedelungen eben keinen Raum" zu berichtigen. Herr General v. Veith behauptet sogar (bei Pick V 146) über die Ardennen (nach ihrer älteren Ausdehnung): „In diesem Waldlande entwickelte sich das Volksleben natürlich vorherrschend in den schönen Tälern des Rheins, der Mosel und Maas, sowie in den allmählich gelichteten Nebentälern dieser Flüsse."

reichen Schätze an Kohlen, Eisen, Zink u. s. w. birgt, deren Ausbeutung und Verarbeitung einer ungeheuren Tagelöhnermenge Brot schafft. Weit dünner und weniger mit Glücksgütern gesegnet ist die Bevölkerung des Hochlandes, welches, abgesehen von der allgemein geringeren Ertragsfähigkeit des Kulturbodens, so grosse Wälder und bedeutende Strecken fast menschenleeren Moorlandes enthält.[24] Dazu kommt, dass solche Personen, welche sich im Hochlande nicht mehr halten können oder wollen, stark auf die grösseren Industriestädte des Hügellandes wie Achen, Verviers u. s. w. zuströmen.

Zur Veranschaulichung der Volksdichtigkeit diene diese Uebersicht:[25]

Grossherzogtum Luxemburg	2572	☐km,	205 000	Einw.
Kreis Malmedy	813	„	31 000	„
„ Montjoie	362	„	18 100	„
„ Eupen	176	„	26 000	„

---

[24] Im eigentlichen Hohen Venn gibt es nur einzelne Familien, Dörfer kommen nur an demselben vor. Guthe-Wagner's „kaum 1000" Seite 898 ist wohl zu hoch. Vgl. Dechen's Geolog. Sectionen Malmedy und Achen.

[25] Vgl. dazu die kartographische Darstellung in Peterm. Mitt. 20. Bd. 1874, Heft 1, ferner Dewalque's Carte géologique und die klimatologische Tafel in Kap. IV.

Provinz	Verwaltungsarrondissement		Bevölkerung	
	Namen	Oberfläche in □km	absolute	relative
Lüttich	Lüttich	757	334000	441
	Verviers	996	151000	151
	Huy	721	86000	120
	Waremme	418	59000	141
Luxemburg	Arlon	320	29000	90
	Virton	720	43000	59
	Neufchâteau	1449	51000	35
	Marche	936	43000	45
	Bastonach	989	35000	35
Namen	Namen	1124	169000	150
	Dinant	1570	85000	54
	Philippeville	965	60000	62
Hennegau	Charleroi	560	273000	486
	Thuin	908	106000	117

In Bezug auf die Wegsamkeit unseres Gebirges, seine Rolle in den Wanderungen der Völker, bei kriegerischen Ereignissen u. dgl. leuchtet sofort ein, dass sich das hauptsächliche Menschengewoge bis zum Eisenbahnzeitalter abseits hinwälzen musste. Denn die im Norden und Westen vor den Ardennen ausgebreitete Ebene, welche nur durch den Hügelzug von Artois etwas unterbrochen ist, vermittelte die bequemste Passage zwischen dem Norden Frankreichs und Deutschlands, bot aber auch einen leichten Uebergang zwischen England und dem mittlern sowie obern Rheine u. s. w. dar. In dieser Ebene trafen sonst civilisiertere Völker zu planmässigem Massenmorde auf einander, und zwar so häufig, dass sie „nordische Lombardei" oder „Völkerfriedhof" (le cimetière des nations) genannt wird.[26] Die Ardennen dagegen sind nur wenig vom Blute der in Kampfeswut sich Zerfleischenden befleckt worden. — Der südlich unseres Gebirges entwickelte Verkehr wurde von der Mosel und dem Rheine zu stark angezogen, so dass die Maas die ihrer Grösse etwa gebührende Stellung nicht einzunehmen vermochte. Indessen gibt es eine natürlich vorgezeichnete Strasse, nämlich das Sambre-Maas-Wesertal. Bei der Schilderung dieser wichtigen Naturstrasse, auf welcher seit Alters her ein reger Verkehr mit seinen Einwirkungen auf Ansiedlungen und andere Kulturerscheinungen pulsierte, da sie ja fast direkt das Seinebecken mit Mittelrheinland verbindet, verweilen auch die Geographen mit Vorliebe.[27]

Aus dem Vorhergehenden darf nun aber doch nicht rücksichtlich der früheren Zeit — natürlich noch weit weniger für unsere Tage — gefolgert werden, dass „die einförmigen Schieferplatten der Ardennen mit ihren unzugänglichen Wäldern und tief eingeschnittenen Fluss-

---

[26] Eine Aufzählung der hierhin gehörigen Schlachten (vgl. z. B. Guthe-Wagner Seite 534—535) habe ich nicht für nötig erachtet, da sie zu bekannt sind, indem ja die „Geschichte" auf den höheren Schulen durchweg sonderbarer Weise aus Kriegserzählungen besteht, welchen Missbrauch ich demnächst in meiner Schrift: „Christian Urhahn in der deutsch-französischen Kulturgeschichte" nicht gerade sanft zu berühren beabsichtige.

[27] Vgl. die treffliche Darstellung bei Daniel, Deutschland I^5 379 und bei Guthe-Wagner 786—87.

tälern eine von jeher ausserhalb des Völkerverkehrs liegende Zone darstellen."[28] Denn bereits zur Römerzeit führte eine wahrlich nicht unbenutzte Strasse von Reims über Izel, Bastonach, St. Vith und Gemünd auf Zülpich-Cöln zu;[29] Hunderttausenden von Pilgern ist St. Hubert zugänglich gewesen; vom Mittelalter ab bis weit in die Neuzeit hinein hatte Bastonach, das „Ardennen-Paris", einen solchen Verkehr entwickelt und an sich gezogen, dass von seinem Markte Handelsstrassen nach allen Richtungen ausliefen; selbst über das hohe Venn bis nach Stolberg reichten Bastonach's Verbindungen, wie die „Kupferstrasse" beweist.[30]

Was die heutige Wegsamkeitsrolle der Ardennen betrifft, so ist ausser allenthalben genügend vorhandenen und vielfach nicht wenig belebten Strassen das Hügelland im SO. sowohl als besonders im NW. mit einem Eisenbahnnetze überspannt; auf den Schienenweg hat sich auch der Hauptverkehr begeben, den einst der Rücken der Maas vermittelte, so dass jetzt nur mehr zwischen Lüttich und Seraing regelmässige Dampfschiffahrt besteht. — Im Gegensatze zu dem Eisenbahngewirre des Hügel-

---

[28] Guthe-Wagner S. 533. Daselbst heisst es weiter: „Nichts destoweniger haben die Franzosen auch diesen Teil ihrer Grenze .... durch eine Kette von Festungen zu sichern gesucht." Die Franzosen halten eben die Ardennen nicht für „unzugänglich!"

[29] S. v. Veith in Pick's Monatsschrift VI (1880) 100.

[30] Vgl. meine Antwort bei Pick V 269—70, welche ich, weil sie einer durchaus glaubwürdigen mündlichen Ueberlieferung entstammt, gegen die „Analogie" von Veith's aufrecht halten muss. — Neyen, Histoire de la ville de Bastogne p. 5: .... „j'admets l'existence d'une grande voie commerciale, telle que nous en possédions une foule traversant la plupart de nos hauteurs." Hier bewahrheitet sich auch das Thukydideische: „Der Mensch hat das Land."

landes besitzt das mittlere und nordöstliche Hochland nur 2 Bahnen von Belang, nämlich die ungefähr in der Richtung der Themsemündung und des Nordens des Adriatischen Meeres gelegene „Ardennenbahn" (Brüssel-Luxemburg) sowie die von Luxemburg auf Pepinster hinziehende Luxemburgische Wilhelms-Bahn. Die Herstellung anderweitiger Schienenwege, welche dringend notwendig sind, würde diesem Gebirgsteile eine weit günstigere Weltstellung anweisen und ihn besonders in industrieller, commercieller und ökonomischer Hinsicht concurrenzfähig machen und neu beleben.[31]

Am Schlusse dieser Schrift sei noch bemerkt, dass dem der Hohen philosophischen Facultät zu Jena vorgelegten Manuscripte eine colorierte Karte des Ardennengebietes beigefügt ist, welche darstellt: 1. die Umgrenzung des Gebirges, 2. das devonisch-cambrische Hochland, 3. die 3 parallelen Hauptgebirgszüge, 4. die geographische Verbreitung der Heilquellen, 5. die politische Zerstückelung in belgischen, französischen, grossherz. luxemburgischen und preussischen Anteil, 6. die östl. deutsch-wallonische Sprachgrenze.

Der kartographischen Ausstattung der Druckexemplare stellten sich jedoch Hindernisse entgegen — leider, da es dem Verfasser zur Unannehmlichkeit gereichen würde, wenn er infolge des Kartenmangels das Verständnis dieser Schrift wesentlich erschwert sähe, welche nach vergleichenden Quellenstudien und Reisebeobachtungen auf stellenweise „wildem" Pfade ziemlich mühsam entworfen worden ist. Nicht unangenehm wäre es dem Autor, wenn die geehrten Lesenden die Mängel der Ausführung gegen die Schwierigkeit des Themas abwägen wollten!

---

[31] Vgl. die Eisenbahn-Artikel im „Montjoier Volksblatt," 1880—81.

Vita autoris.

Ich, August Wilhelm Foerster, katholischer Confession, wurde am 9. Oktober 1857 zu Höfen bei Montjoie geboren. Mein Vater, Lehrer Jakob Foerster, starb 1878 zu Rohren bei Montjoie, woselbst meine Mutter, Eva Foerster geb. Foerster, noch lebt. Nach Entlassung aus der Elementarschule meines Vaters erhielt ich $1^5/_6$ Jahr Privatunterricht von Herrn Vicar Robrecht in Höfen, besuchte dann $1^1/_2$ Jahr das Königliche Gymnasium zu Münstereifel und $2^1/_2$ Jahr das Gymnasium Dionysianum in Rheine, an welchem ich Spätsommer 1877 das Abiturienten-Examen ablegte.

Hierauf absolvierte ich von Herbst 1877—1880 das akademische Triennium an der Universität Bonn und studierte hauptsächlich Erdkunde, ferner Geschichte, englisch-romanische Philologie und selbstverständlich Philosophie-Pädagogik.

Allen, welche mir während meiner Studienzeit wohlwollend entgegengekommen sind, spreche ich den herzlichsten Dank aus! Auch das altberühmte Jena werde ich stets in angenehmer Erinnerung behalten. Dort in Saal-Athen lernte ich im Rigorosum (Oktober 1881) ebenso allgemein bedeutende als besonders mit der schwierigen Kunst des Examinierens vertraute und durchaus unparteiische Gelehrte kennen.